DER URTEILCHEN HAUSSEGEN

Erfahrungsberichte

Neue und wesentlich erweiterte Auflage
zusammengestellt von Lena Lieblich

RiWei
Verlag -GmbH

1. Auflage Juni 2006
2. Auflage Juli 2006
3. Auflage Mai 2007

Gesamtherstellung: RiWei-Verlag GmbH
Druck: RiWei-Verlags Druckerei

Postfach 20 04 54
93063 Regensburg
Tel. 0941 / 799 45 70
Fax. 0941 / 799 45 72
eMail: info@riwei-verlag.de

ISBN 3-89758-280-5

Sehr geehrte Damen und Herren,

ich freue mich sehr, Ihnen heute eine erweiterte Sammlung von neu überarbeiteten Erfahrungsberichten übergeben zu können. Gerade in der heutigen, schnelllebigen Zeit ist es etwas Außergewöhnliches, schriftliche Erfahrungsberichte zu erhalten.

Telefonisch – ja, da bekomme ich ausführlich oft eine Stunde oder sogar noch länger erzählt, was sich alles Positives ereignet hat. Meiner Bitte aber: „Könnten Sie das nicht kurz schriftlich festhalten“, wird fast nie entsprochen. Umso mehr staune ich hier über diese Fülle an Berichten. Manche waren zwanzig Seiten lang und wir haben uns erlaubt, diese auf das allgemein Interessante zu reduzieren.

Vielleicht ist es sogar die Wirkung des Haussegens, dass so viele Berichte gekommen sind? Manche schreiben, dass sie nun viel mehr Zeit haben und ruhiger sind.

‚Dankeschön' sagen möchte ich allen, die mit Ihrem Bericht zum Gelingen dieses Buches beigetragen haben. Vielleicht schreiben Sie ja noch mal einen Bericht, der einen Rückblick über das letzte Jahr oder sogar einen noch längeren Zeitraum gibt.

Wir werden diese Erfahrungssammlung nur in kleinen Auflagen drucken, sodass wir neu eintreffende Erfahrungsberichte immer wieder mal mit einbinden können.

Manche Berichte beziehen sich auch auf die ‚Urteilchen-Energiescheiben' oder auf eines der ‚Starken Sechs Urteilchen-Produkte', lassen Sie sich dadurch bitte nicht irritieren.

Gruß der geistigen Welt

Ich bekomme immer wieder bestätigt, wie segensreich ihre Arbeit mit Hilfe der Kugel gemacht werden kann. Engel des Friedens oder Engel der Liebe haben es in einer schwer belasteten Umgebung nicht leicht, den Frieden oder die Liebe zu manifestieren. Mit dem Haussegen läuft vieles leichter.

Ihre Schutzengel bedanken sich hiermit auch bei Ihnen, dass Sie ihnen die Arbeit mit dem Haussegen so erleichtern, oder in manchen Fällen erst möglich machen.

Es gibt auch einige, die denken: „Warum soll gerade mir die geistige Welt helfen. Ich bin doch nicht würdig und habe nichts Besonderes geleistet, dass ich da Hilfe erwarten dürfte“.

Gerade Ihnen, wenn Sie so denken sollten, ist besonders viel Hilfe zugesagt. Testen Sie Ihre Schutzengel einfach mal, indem Sie sie in ausweglosen oder schwierigen Situationen um Hilfe bitten. Sie werden erstaunt sein, wie friedlich z. B. der Besuch der Schwiegermutter verlaufen kann. Fordern Sie Ihre Helfer. Die tun nichts lieber, als Ihnen zu helfen, wenn sie um Hilfe gebeten werden.

Hinweis:

Die Erfahrungsberichte geben immer die Meinung und die Beobachtung der jeweiligen Verfasser der Berichte wieder. Bedenken Sie, dass es sich hier um ganz subjektive Aussagen handelt und keinerlei wissenschaftliche Erklärung oder Beweisführung damit verbunden ist. Heilende Aussagen sollten Sie sehr kritisch betrachten, denn jeder Mensch und jede Krankheitssituation ist anders gelagert. Wollen Sie trotzdem das eine oder andere versuchen, so bitten wir Sie auf jeden Fall mit Ihrem Arzt oder Heilpraktiker Rücksprache zu nehmen. Der Verlag kann keinerlei Haftung übernehmen.

Auszug aus dem Buch von Lena Lieblich:
Energieprodukte, Kapitel: ‚Der Urteilchen-Haussegen'

Der ‚Urteilchen-Haussegen' ist eine violett eingefärbte Glaskugel, die auf der subatomaren Ebene verändert wurde. Sie wirkt nun wie eine Transformations-Station. Feinschwingende Urteilchenenergie wird auf drei verschiedenen Energie-Ebenen transformiert und auf die ganze Wohnung, bzw. das ganze Haus ausgestrahlt.

1. Ebene - Urteilchenebene: Energie für sehr hoch schwingende, geistige Helfer, die diese Energie verwenden, um Störungen auf der mentalen Ebene zu reinigen und ein lichtvolles, spirituell hoch schwingendes Feld zu erzeugen. Dieses heilige, mentale Klima im Haus wird als Behaglichkeit, als Ort der Ruhe und Regeneration empfunden. Auf dieser Ebene kann das Höhere Selbst der Bewohner, die gewünschten morphogenetischen Felder aufbauen und stärken.
2. Ebene - Urteilchen 4/5 Ebene: Diese Energie-Ebene wirkt auf unsere feinstofflichen Körper ein. Blütenessenzen, Homöopathie und andere feinstoffliche Mittel und Methoden wirken dadurch besser und nachhaltiger. Wer Yoga oder Tai Chi macht wird einen wesentlichen Unterschied bemerken. Der Haussegen gehört in jede Naturheilpraxis, denn diese Energie stört nicht durch Eigenwilligkeit, sondern unterstützt die Absicht und die Arbeit des Therapeuten.

3. Ebene - Urteilchen terrestrische Ebene: Diese Energie überlagert elektromagnetische Felder, Strahlungen von Wasseradern und Verwerfungen und überlagert Strahlungen von Gittern und Netzen. Diese natürlichen Erd- und Gitterenergien werden nicht abgeschirmt oder verlagert, sondern überlagert und damit die negative Auswirkung auf Mensch und Natur umgewandelt. Ferner ist dieses Energiefeld auch in der Lage, Störungen, die durch Hochspannungsleitungen, Mobilfunkmasten, Richtfunksendeanlagen und Fernsehsender ausgehen, zu überlagern. Ebenfalls wird damit der in Häusern entstehende Elektrosmog von TV-Geräten, Transformatoren, Mikrowellenherden und Computern überlagert.

Der Urteilchen-Haussegen braucht nur an einer zentralen Stelle im Haus aufgestellt werden. Es ist kein Einmessen oder Auspendeln des richtigen Standortes notwendig.

Soweit ein kurzer Auszug aus dem Manuskript, es handelt sich hierbei um persönliche, subjektive Erfahrungen der Autorin und nicht um wissenschaftliche Tatsachen.

Auszug aus dem Buch von Lena Lieblich:
Energieprodukte, Kapitel: ‚Der Urteilchen-Gartensegen'

Der ‚Urteilchen-Gartensegen' ist wie eine Transformations-Station. Feinschwingende Urteilchenenergie wird auf drei verschiedene Energie-Ebenen transformiert und in einem selbst gewählten Radius bis tausend Meter ausgestrahlt.

1. Ebene - Urteilchenebene: Energie für sehr hoch schwingende, geistige Helfer, die diese Energie verwenden, um Erdheilung, Reinigung und ein spirituell hoch schwingendes Feld zu erzeugen. Auf dieser Ebene werden auch die Wirkungen von Chemtrails, Umweltgiften und negativen, morphogenetischen Felder gelöscht.

2. Ebene - Urteilchen 4/5 Ebene: Diese, für die Naturwesen aufbereitete Energie kann von den Gartengeistern, astralen Helfern und Erdwesen verwendet werden, um die Mikrobiologie des Bodens zu verbessern, Pflanzen und Tiere zu heilen und zu stärken und ein starkes positives, morphogenetisches Feld aufzubauen. Feinstoffliche Pflanzendüngung und starke Vitalisierung von Obst und Gemüse ist ein angenehmer Begleitumstand.

3. Ebene - Urteilchen terrestrische Ebene: Diese Energie überlagert elektromagnetische Felder, Strahlungen von Wasseradern und Verwerfungen, überlagert die Strahlungen von Gittern und Netzen. Diese natürlichen

Erd- und Gitterenergien werden nicht abgeschirmt oder verlagert, sondern überlagert, und damit werden die negativen Auswirkungen auf Mensch und Natur umgewandelt. Ferner ist dieses Energiefeld auch in der Lage, Störungen, die durch Hochspannungsleitungen, Mobilfunkmasten, Richtfunksendeanlagen und Fernsehsender ausgehen, zu überlagern.

Der ‚Urteilchen-Gartensegen' braucht nur an einer beliebigen Stelle im Garten aufgestellt werden. Es ist kein Einmessen oder Auspendeln des richtigen Standortes notwendig.

Soweit ein kurzer Auszug aus dem Manuskript. Es handelt sich hierbei um persönliche, subjektive Erfahrungen der Autorin und nicht um wissenschaftliche Tatsachen.

Hier beginnen nun die Erfahrungsberichte.

Erfahrungsberichte zum ‚Gartensegen'

Burghard H. - Erfahrungsbericht zum Gartensegen

Der Gartensegen hat seinen Platz unter einer jungen Kiefer gefunden. Der Frühling hält erst Mitte April bei uns Einzug. Unsere 5jährige Jack-Russell Hündin Cindy setzt sich auffallend oft, nachdem der Schnee verschwunden war in die Nähe dieser Kiefer. Als es dann richtig warm wurde legte sie sich bei schönem Wetter für circa zwanzig bis dreißig Minuten neben die Kiefer und strahlt dabei Glück und Zufriedenheit aus. Selbst unser fünf Monate alter Border-Terrier Welpe kann sie trotz Spielaufforderung nicht von der Kiefer und dem dort aufgestellten Gartensegen weglocken.

Was die Überlagerung/Harmonisierung von Erdstrahlen und elektrischen Feldern anbetrifft, so kann ich die zugesagte Wirkung wie auch beim Haussegen voll und ganz bestätigen. Unser Grundstück ist bezüglich des Vorhandenseins natürlicher Störzonen überdurchschnittlich ausgestattet. Wir haben das Grundstück 2000 gekauft und das Haus steht seit 1997, unsere Vorbesitzer haben bereits mit dem Anlegen eines Gartens begonnen, hatten aber offenbar eine nicht ganz so glückliche Hand.

Ein mickriger Apfelbaum am Ende des Grundstücks steht auf einer starken Störzone (Kreuzungspunkt Currygitter/zehn Meter Gitter) und wollte all die Jahre nicht so recht gedeihen. Der Stamm teilt sich etwa zwanzig Zentimeter über dem Boden in drei Triebe, die sich durch verdrehten Wuchs teilweise gegenseitig behindern bzw. aneinander reiben. Dieser Baum wollte nie so richtig blühen, die Blätter blieben spärlich und die dunkelroten Äpfel klein. Letztes Jahr hat der Baum lediglich einen kleinen Apfel von circa fünf Zentimetern Durchmesser zur Welt gebracht. Umpflanzen kam nicht in Frage und entfernen brachten wir nicht übers Herz. Dieses Jahr blüht der Apfelbaum das erste Mal Anfang April bis Mitte Mai richtig und hat nun Anfang Juni reichlich Fruchtansätze.

Eine Linde, die der Hausvorbesitzer durch besonderes Beschneiden kleinwüchsig halten wollte, haben wir vor drei Jahren umgepflanzt da sie drohte in die Regenrinne zu wachsen. Das Umpflanzen an einen störzonenfreien Platz an der Südseite des Hauses hat gut geklappt, aber richtig gedeihen wollte sie nicht, die Blätter blieben spärlich, nach dem Urteil eines erfahrenen Gärtners war ein Pilzbefall die Ursache.

Letztes Jahr haben wir deshalb im Juni die Blätter mit einem Antipilzmittel besprüht. Das Austreiben der Blätter geschah dieses Jahr schon fast explosionsartig und zwar große, gesunde und saftige Blätter, so dass der mittlerweile circa vier Meter hohe Baum uns erstmals einen angenehmen Schatten spenden kann und prächtig aussieht.

Die Vogelwelt war in unserem Garten eigentlich immer schon in Ordnung, aber seit dem Aufstellen des Gartensegens scheint die Artenvielfalt und die Anzahl der Vögel noch deutlich zugenommen zu haben. Im Herbst 2005 haben wir erstmals einen Meisennistkasten aufgehängt und auf baldige Nutzung durch brutwillige Vögel gehofft. Im März konnten wir dann das emsige Füttern der Jungvögel durch ein Meisenpaar beobachten die stets von den Jungen durch überschwängliches Piepsen begrüßt wurden. Ein Amselpaar brütet in einem circa vier Meter hohen Kirschlorbeer der idealen Schutz bietet. Es scheint so, als würden die Vögel von der segensreichen Atmosphäre angezogen werden!

Auf sämtliche Möglichkeiten von Düngung (außer Hornspäne und Kalk) haben wir bisher immer verzichtet, trotzdem hat sich unser Garten mit Hilfe des Gartensegens in diesem Frühjahr üppig entfaltet Abschießend können wir feststellen, dass der Garten dieses Jahr eine völlig andere Ausstrahlung hat und uns noch nie so gut gefallen hat!

Inka N. - Erfahrungsbericht zum Gartensegen

Hiermit möchte ich meinen Erfahrungsbericht für Sie über die Garten-Energiekugel abgeben.
Mir ist aufgefallen, dass meine Rosen keine Anzeichen von Rost aufweisen; damit hatte ich immer Ärger.

Außerdem ist mein Rucola Salat, der jedes Jahr von irgendwelchen Insekten ganz zerfressen war, dieses Jahr sehr kräftig und gesund. Bei meinen Königskerzen konnte ich bis jetzt immer Mehltau entdecken und irgendwann sind sie auch daran kaputtgegangen. Seit ich die Kugel aufgestellt habe, konnte ich noch nichts dergleichen feststellen.

Auch die Stockrosen, welche immer von Rost befallen waren, wachsen dieses Jahr sehr üppig.

Ich freue mich jedenfalls, solch eine Kugel zu besitzen, da sie nicht nur Wirkung zeigt, sondern auch noch sehr schön anzuschauen ist.

Stefanie H. - Erfahrungsbericht zum Gartensegen

Ich besitze die Kugel namens Gartensegen und finde es fühlt sich im Garten friedlicher an; also mehr wie ein Miteinander. Leider kann ich es nicht anders erklären.

Es gibt bei uns im Garten einen Bereich, in dem nur wenige Pflanzen wachsen, weil hier zwei Energielinien übereinander liegen. Eine ist positiv und die andere ist negativ. Leider weiß ich deren Namen nicht mehr.

Die Rhododendren, die wir vor zwei Jahren gepflanzt haben, sind uns deswegen fast alle eingegangen. Eine Pflanze hat zum Glück noch überlebt, sah aber letztes Jahr auch so aus, als ob sie nicht mehr lange durchhält. Zurzeit blüht sie und es sieht wesentlich besser aus als letztes Jahr. Auch der Apfelbaum, den ich dort hin gepflanzt hatte, zeigt noch keinerlei Anzeichen, ebenfalls einzugehen.

Unsere Obstbäume die früher, wenn überhaupt, dann mal ein paar Kirschen oder circa fünf Äpfel getragen hatten, haben dieses Jahr schon sehr viele Früchte angesetzt. Ich weiß allerdings nicht, ob dass vom Wetter oder von dem Gartensegen kommt.

Ina H. – Erfahrungsbericht zum Gartensegen

Unseren Gartensegen erhielten wir am 11. 01. 2006. Gleich nach dem Aufstellen im Wohnzimmer (der Garten war tief verschneit) fühlte sich die Luft spürbar leichter an.

Wegen des vielen Schnees stellten wir den Gartensegen erst einmal im Innenhof vor dem Badezimmerfenster auf.

Am 24. 01. 2006 fiel uns das erste Mal auf, dass die Luftfeuchtigkeit im Bad stark zurückgegangen war.

Am 03. 03. 2006 stellten wir die Kugel in die Nähe unserer großen Blaufichten auf. Als alles anfing zu grünen, konnten wir folgende Beobachtungen machen:

Ein kleiner Kirschbaum trieb nach zwei mickrigen Jahren stark und gesund aus, unsere Pfingstrose zeigte das erste Mal circa acht Blütenknospen. Leider trat der Mehltau trotzdem bei ihr auf und nur durch Besprühen mit kolloidalem Silberwasser konnten wir vier Blüten retten.

Insgesamt treiben alle Bäume prima aus, blühten sehr und der Fruchtansatz ist sehr gut. Leider wurden ein Apfelbäumchen und ein Pflanzenbäumchen von den Wühlmäusen komplett von ihren Wurzeln befreit und sie gingen ein.

Etwas Wundervolles kann noch berichtet werden. Auf unserem Nachbargrundstück stand eine sehr große, fast baufällige Scheune. Im April beschloss der Nachbar, sie beseitigen zu lassen. Dann wurde Mutterboden aufgetragen und Rasen gesät. Nun laufen einige kleine Schäfchen dort herum und wir können die wunderbare Morgensonne genießen.

Bestimmt gibt es noch mehr zu entdecken. Der Winter war sehr lang und die Zeit bis Ende Mai reicht einfach nicht aus, um mehr beobachten zu können.

Alfred L. - Erfahrungsbericht zum Gartensegen

Seit Anfang des Jahres habe ich meinen Gartensegen auf meiner Loggia zum Garten hin aufgestellt.

Was mir bis jetzt aufgefallen ist? Dass ich fast keine Schnecken mehr im Garten habe, ist mir aufgefallen. Die ganzen Jahre musste ich morgens und abends absammeln gehen; dieses Jahr hingegen noch nicht ein einziges Mal. Auch meine Sämereien sind wunderschön aufgegangen, was sonst nicht immer der Fall war.

Mehr kann ich aber noch nicht schreiben, denn das Gartenjahr hat ja erst begonnen.

Isabella W. – Erfahrungsbericht zum Gartensegen

Als das Wetter etwas schöner wurde, stellte ich meine Gartenenergiekugel an meinen Buddha-Energieplatz in den Garten. Dieser Platz ist für mich noch schöner geworden.

Der Garten ist in voller Blüte. Alle Sträußchen, die ich schon entfernen wollte, erholen sich wieder wunderbar. Der Kirschbaum, der schon 35 Jahre alt ist, hatte so viele Blüten wie noch nie und jetzt ist der Fruchtansatz auch schon soweit.

Auch die Quittenbäume haben eine mit Blüten übersäte Pracht. Ich hoffe nur, dass durch die Schwere der Früchte, keine so große Belastung entsteht.

Die Rosen musste ich noch nicht spritzen. Blätter und Blütenansatz sind so frisch und kräftig. Es sind keine Läuse, kein Blattrost oder Mehltau vorhanden.

Der Rasen machte immer Probleme: Er ist dichter gewachsen, ohne dass ich ihn hätte düngen müssen.

Es macht mir auch mehr Spaß, im Garten zu arbeiten. Es zieht mich immer mehr nach draußen. Habe heuer auch etwas mehr Arbeit, da im Garten alles besser gewachsen ist. Alles Verblühte musste ausgelichtet werden und das ist nicht wenig!

Ich bin glücklich und begeistert, eine so energievolle Kugel mit so vielen Helfern zu haben. Auf neue Überraschungen bin ich gespannt.

Roland G. - Erfahrungsbericht zum Gartensegen

Ich habe die Kugel Anfang Januar bekommen. Unsere Pflanzen sind dieses Jahr im Garten durch den kalten Winter und durch die Fassadenrenovierung stark gefordert worden.

Sie haben sich jedoch alle wieder erholt. Die Montbrelie hat sich trotz der kalten Mittelgebirgslage sogar im Volumen verdoppelt. Eine englische Rose, die ich schon aufgegeben hatte, zeigt sich wieder.

Das Wertvollste, was jedoch passierte, ist, dass uns nun eine Mieterin unserer Eigentumsanlage tatkräftig im Garten unterstützt.

In dem Bereich, den sie liebevoll pflegt, haben sich die Stauden prächtig entwickelt. Auch der Frauenschuh ist so groß und kräftig wie nie zuvor.

Anita K. – Erfahrungsbericht zum Gartensegen

Den Urteilchen Gartensegen habe ich schon vor Weihnachten erhalten. Da wir jedoch, in ländlichem Gebiet, auf über 500 Meter Höhe liegen und die Winter hier sehr hart und schneereich sind (Naturpark Saar-Hunsrück), traute ich mich nicht, den Gartensegen ins Freie zu stellen. (Ich wollte nicht riskieren, dass die Kugel bei weniger als minus zehn Grad zerprang)

Ende März platzierte ich die Kugel im Garten.

Nun tat sich erstaunliches: Obwohl wir bis circa 20. 04. 2006 Schnee liegen hatten, und ich erst in den letzten Apriltagen aussähen konnte, wuchs mein Gemüse und mein Salat wesentlich schneller als sonst!

- Schon beim Auflockern des Bodens fiel mir auf, dass viel mehr Regenwürmer als in den vergangenen Jahren vorhanden waren.
- Das Lockern des Bodens erforderte diesmal kaum Kraft: Es war, als wäre der komplette Garten kurz vorher umgegraben worden.
- Die Pflanzen wachsen sehr schnell; wir haben gestern bereits den ersten Salat geerntet (ich habe Ende April ausgesät, nicht vorgezogen!)

- Die Erdbeer-Pflänzchen sind viel größer und kräftiger als sonst.
- Ich habe weniger Pflänzchen-Verlust durch Schnecken-Fraß (obwohl es zur Zeit viel regnet)

Ich bin gespannt, wie es weiter geht! Vielen Dank für Ihre tolle Erfindung!

Johann E. - Erfahrungsbericht zum Gartensegen

Am 08. 12. 2005 erhielt ich den Urteilchen-Gartensegen, welcher von der Farbe her wesentlich dunkler ist als mein Urteilchen-Haussegen. Als ich mich auf den Gartensegen konzentrierte, wurde ich ganz zentriert. Es scheint ein hervorragender Meditationsgegenstand zu sein.

Die Veronika, in der die Kugel liegt, sieht mitten im Winter (Januar) außergewöhnlich gut und gesund aus im Vergleich zu der Veronika, die noch in unserem alten Garten stand. Sie hat sehr große, gut entwickelte Blütenstände und gesunde Blätter. Wir sind vor einem Jahr hier eingezogen und haben im letzten Jahr kaum etwas im Garten gemacht. Wir wussten nur, dass wir ihn umgestalten wollten. Doch hatten wir keine klare Vorstellung, wie dies zu machen sei. Irgendwie hat die Zeit nicht gepasst, oder das Material war nicht da, oder wir wussten einfach nicht so genau wie. Seit der Gartensegen bei uns ist, gestaltet sich das Bild, wie der Garten aussehen will, immer klarer. Und das ist ganz anders, als die Vorstellungen, die wir im letzten Jahr noch hatten. Jedenfalls freuen wir uns jetzt auf das Frühjahr und darauf, bald loslegen zu können.

Wolfgang S. - Erfahrungsbericht zum Gartensegen

Liebes Wu-Wei Team, am 19. 12. 2005 haben Sie mir den Urteilchen-Gartensegen geliefert und ich war erstaunt, dass ich schon nach einem halben Jahr - noch dazu war ja Winter - einen Bericht schreiben sollte.

Nun habe ich aber tatsächlich einiges zu erzählen:

Die Idee, die Kastanie, die viel zu eng stand und jahrelang beschnitten werden müsste und trotzdem schon lange nicht mehr blühte, aus ihrem unglücklichen Zustand zu befreien und zu fällen, wurde direkt nach Erhalt der Kugel noch vor Weihnachten am besten Baumschlagtag umgesetzt.

Ich habe ihren Geist allerdings weiterhin im Garten erhalten und zwar in Form von Mulch und einer Gartenbank aus ihrem Stamm. Was auffiel, war die Entschlusskraft für die Ausführung des für den Garten und für uns alle so einschneidenden Erlebnisses und die Leichtigkeit des Vollzugs.

Im Januar hatten wir auch schneefreie Tage. Ich traute meinen Augen nicht, als ich im Garten einen kräftigen Austrieb der Zitronenmelisse sah, der so stark war, dass ich mich traute, sogar davon zu ernten. Es hat der Pflanze nicht geschadet, trotz der Kälte und der langen Schneezeit.

Auch im Januar besuchte ein Fischreiher unseren vereisten Gartenteich eines Nachmittags. Ein besonderer, ungewöhnlicher Besuch.

Als ich das erste Mal nach der Schneeschmelze in den Garten ging, fand ich die Urteilchen-Kugel circa fünfzehn Zentimeter von ihrem von mir ausgesuchten Platz entfernt liegen, obwohl sie stabil postiert gewesen war. Ich nahm sie auf und wollte sie an meinen Platz zurückstellen, doch dann hielt ich inne und begriff, dass dieser Platz, den die Kugel sich selbst ausgesucht und gewählt hatte, wohl der richtigste für ihren Wirkungskreis sein müsse. Das war eine gute, starke Erfahrung, für die ich dankbar bin.

Ich spüre, wie meine Gestaltungskraft und mein Gestaltungswille noch mehr als zuvor auf Ästhetik ausgerichtet sind. Der Aufenthalt im Garten ist ehrend, dienend, heilend und freudiger, bewusster, engagierter, entschlossener, erfinderischer und kraftvoller. So entstand z. B. im April ein weiterer Buddhaplatz, einer eher dunklen Ecke des Gartens der viel Segen spendet.

Unsere Nachbarn sind viel freundlicher geworden. Sie sind ruhiger, sanfter, höflicher, taktvoller und zuvorkommender als zuvor. Danke!

Das sind die Punkte, die ich beschreiben wollte. Es gibt aber noch ganz viele andere Erlebnisse, wie z. B. die Begegnung mit Maikäfern, die Vielzahl der Vögel (keine Läuse!) usw., die den Rahmen dieses Berichts jedoch sprengen würden und deswegen leider wegfallen mussten.

Meine Familie und ich sind glücklich mit unserem Paradies, das wir intensiver als harmonisierend, heilend und schön erleben.

Rosemarie P. - Erfahrungsbericht zum Gartensegen

Als das Paket mit dem Urteilchen-Gartensegen zu uns nach Haus kam, war für mich Weihnachten. Ich verspürte große Freude und Zuversicht, dass die Urteilchen-Energie in unseren Garten und darüber hinaus für viele Bewohner in unserer näheren und weiteren Umgebung, für Tiere und Pflanzen, Schutz und Segen schenken wird - jetzt und für immer. Die Kugel steht bei uns auf der Eingangshaustreppe. Ich freue mich auf den Frühling und den Sommer, wenn positive Veränderungen nicht nur zu spüren, sondern auch zu sehen sind. In unmittelbarer Nähe zu unserem Grundstück steht ein Funkmast. Ich suchte schon lange nach geeigneter Hilfe für uns alle. Jetzt ist sie da. Ich bin überzeugt, dass der Urteilchen-Gartensegen auch – im

Besonderen für meinen Mann arbeitet. Ich meine schon kleine Veränderungen zu spüren. Zurzeit kann ich sagen: Ich fühle mich sehr beschützt. Es kommen keine unerwünschten Gäste. Ich versprühe viel Freude.

Franz P. – Erfahrungsbericht zum Gartensegen

Dieser Bericht über den Urteilchen-Gartensegen ist etwas verspätet, da bei uns sehr lange Schnee lag.

Im Winter haben wir beobachtet, dass mehr Vögel zum Vogelhäuschen kamen. Seit es warm ist, können wir feststellen, dass alles sehr gut wächst. In unseren Gartenbeeten kann man beim Wachstum fast schon zusehen. Unsere Geranien sind sehr gesund und widerstandsfähig. Die Rosen haben keinen Rost, was sie bis jetzt immer hatten. Seit wir den Gartensegen haben, spreche ich oft mit den guten Gartengeistern und lege ihnen kranke Pflanzen besonders ans Herz.

Wir sind froh, dass wir den Haussegen und den Gartensegen gekauft haben. Es ist ein ganz besonderes Klima in Haus und Garten.

Herzlichen Dank dafür.

Hackner Christina – Erfahrungsbericht zum Gartensegen

In unserem neu bezogenen Garten regte sich lange Zeit gar nichts. Die Winde waren rau und im Mai schneite es noch einmal kräftig, sodass alles, was bis zu diesem Zeitpunkt mühsam gewachsen war, noch einmal einen zusätzlichen Kälteschock bekam.

Ich weigerte mich innerlich, überhaupt noch danach zu schauen, ob sich da etwas tut und ich dachte bei mir: „Und das soll die Hilfe des Gartensegens sein?"

Ich nehme alles wieder zurück! Unsere Bekannten und wir staunen nun, dass alles üppig blüht und grünt. Kein nennenswerter Schaden blieb zurück und ich kann nur sagen: „Ein Segen liegt über dem Garten.

Herzlichen Dank für dieses Kleinod."

Luise U. – Erfahrungsbericht zum Gartensegen

Unsere Gartenkugel schmückt nicht unseren Garten sondern unser Wohnzimmer. Ich habe das Gefühl, es ist der richtige Platz für sie. Ich habe immer wieder das Bedürfnis, sie in meine Hände zu nehmen, aber die Energie ist so stark, dass ich sie nach kurzer Zeit wieder zurücklegen muss. Kein Wunder: Sie strahlt ja auch einen Kilometer weit.

Am 30. Mai hatte es bei uns mehrmals am Tag gehagelt, die ganzen Gartenbeete waren weiß, aber unsere Gemüsepflanzen und Blumen blieben unversehrt. Sie standen sicherlich unter einem besondern Schutz.

An dieser Stelle möchte ich dir, Richard, von Herzen danken. Welche wundervollen Schätze in deiner Werkstatt entstehen; nicht zu vergessen die vielen Orgon-Strahler.

Seit über zehn Jahren sind es sehr wertvolle Wegbegleiter für mich und ich durfte durch sie sehr viele Erfolge erzielen.

Martin G. – Erfahrungsbericht zum Gartensegen

Im Gegensatz zu anderen Gärten haben die Pflanzen in unserem und der umliegenden Gärten den extrem strengen Winter heil überstanden. Auch seltene Vogelarten kamen zu den Futterhäuschen. Wir haben in der Nähe mehrere Mobil-Funkmasten. Doch seit wir den Gartensegen aufstellten, haben wir das Gefühl, dass es uns besser geht. Wir hoffen, dass der Gartensegen weiter die extremen Gewitter und deren Folgen abhält.

Brigitte S. – Erfahrungsbericht zum Gartensegen

Ich bekam meinen Gartensegen zu Weihnachten von der Familie geschenkt. Sie baten mich, zu beobachten, was passieren würde und alles schriftlich festzuhalten.

Tatsächlich ist viel passiert seit dieser Zeit - nicht nur im Garten, sondern auch bei mir. Im Garten haben wir zwei große Lebensbäume, die meine Familie schon lange begleiten. Sie haben seit ungefähr zwei Jahren einen Pilz. Das wirkt sich so auf die Bäume aus, dass ihre Spitzen braun werden. Der Gärtner uns erklärte, dass man sie nur noch fällen kann. Sie könnten sonst unsere anderen Bäume und auch unsere Hecke anstecken. Als ich dies hörte, war ich sehr traurig.

Ich beschloss, mit meinen Gartenfeen und Elfen zu sprechen. Sie gaben mir zu verstehen, dass sie Hilfe brauchten, weil unsere Umwelt sehr belastet sei. Bei uns steht der größte Atomreaktor in Europa, Luftlinie nur circa vierzig Kilometer von unserem Haus entfernt. Ich wollte aber kein hoch dosiertes Gift in unseren Garten spritzen, da ich fühlte, dass dies nur alles verschlimmern würde.

Dann kam Post von Wu-Wei. Dort waren die starken sechs Urteilchen-Produkte beschrieben und der Haussegen. Ich bestellte mir die sechs Urteilchen-Produkte und war begeistert. Mein Mann war auch sehr davon angetan und ich erzählte ihm vom Gartensegen.

Zu Weihnachten war es dann so weit: Ich wurde stolzer Besitzer eines Urteilchen-Gartensegens. Der Gartensegen war bis April in unserem Haus. Dann bastelte mein Mann einen Stab mit Krone, in die er die Kugel legte und wir brachten sie in unseren Garten. Die Kugel sitzt jetzt circa 1,50 Meter hoch in der Krone und die Wellen pulsieren durch unseren Garten und auch ohne Hindernisse in die Nachbarschaft.

Unsere Bäume sind wieder gesund und wir sind überglücklich. Alle Tiere in der Nachbarschaft halten sich mit Vorliebe bei mir im Garten auf - auch die Vögel, die fleißig brüteten und Junge aufziehen. Selbst die Igelfamilie ist zutraulich geworden und läuft einem abends ohne Angst über die Füße. Unser Paradies ist perfekt.

Persönlicher Erfahrungsbericht zum Gartensegen (anonym)

Wir haben einen sehr großen Garten mit Blumen, Gemüse und Bäumen. Dieses Jahr gedeiht das Gemüse besonders gut – ich weiß jedoch nicht, ob dies nicht auch an unserer neuen Methode mit EM-Produkten liegt. Aber egal, woran es liegt, Hauptsache den Pflanzen geht es gut.

Da unser Haus in der Nähe eines Berges liegt, hatten wir jedes Jahr mit Schäden durch Gewitter oder Hagel zu kämpfen. Die Wolken blieben irgendwie immer hängen. In diesem Jahr sind sie regelmäßig hinter dem Berg vorbei gezogen. Leider bleibt dadurch der Regen aber auch aus und wir müssen vermehrt gießen.

So viel Garten-Besuch wie in diesem Jahr hatten wir noch nie. Irgendwie hat unser Garten eine magische Anziehungskraft gewonnen. Auch die Nachbarn, die sonst immer etwas unnahbar waren, sind mittlerweile erstaunlich freundlich.

So kann ich die beiden Produkte nur empfehlen. Es ist dadurch zwar wegen der vielen Besucher manchmal etwas Stress ins Haus gekommen, aber das gleicht sich durch die Freude und die vielen guten Gespräche wieder aus. Mein Energiehaushalt scheint manchmal unerschöpflich zu sein und die Arbeit geschieht wie von selbst.

Heinke G. - Erfahrungsbericht zum Gartensegen

Seit einigen Monaten steht der Gartensegen in meinem 1.200 Quadratmeter großen Garten. Ich habe ihn einmal umgestellt, weil die Wirkung an einer Seite nicht bis ans Ende reichte. Nach radiästhetischer Testung geht die Wirkung nicht über die Grundstückgrenze hinaus. Diese Beobachtung haben wir bei anderen energetischen Produkten schon mehrfach gemacht, d. h. dass eine Bindung an den Besitzer vorhanden ist.

Zu beobachten war ein besonders gutes Wachstum bei unserem Gemüse, den Kräutern und den Blumen. In der Atmosphäre meines Gartens konnte ich keine Veränderung feststellen, wobei zu sagen ist, dass wir seit Jahren in unserer Praxis und natürlich auch im Haus- und Gartenbereich energetisch arbeiten.

Eine Beeinflussung der Wirkung von Mobilfunk und Chemtrails kann ich nicht feststellen, da schon andere wirksame Geräte dafür im Einsatz waren und sind – wir probieren und testen halt gern aus.

Uta J. – Erfahrungsbericht zum Gartensegen

Bitte entschuldigen Sie, dass ich Ihnen, trotz meiner Bemühung, im Wirbel der Zeit in meiner Ruhe zu bleiben, meinen Bericht über die Gartensegen Kugel noch nicht geschickt habe. Von den Menschen wird mir jetzt immer wieder gesagt, wie licht und hell das Anwesen geworden ist. Och ich weiß, dass es nicht nur für uns geschieht, sondern über das morphogenetische Feld für die ganze Erde. Trotzdem Danke.

Seit Anfang Dezember 2005 habe ich die Kugel. Doch ich konnte bei den Pflanzen nicht gleich Veränderungen feststellen, da Kälte und Schnee alles einhüllten. Dass mehr Vögel zur Fütterung kamen, könnte man auch dem langen Schneeeinbruch zuschreiben. Doch sowie die erste Gartenbearbeitung begann, wurde mir ein liebenswerter Gärtnermeister vor die Tür geschickt, der mit seinen Helfern erstmals umsichtig und verständnisvoll mit Pflanzen umging, indem er auf Ihre Lebensrhythmen achtete. Ob nun das intensive Wachstum der Bäume und Büsche in diesem Jahr auf die Kugel zurück zu führen ist, weiß ich nicht, denn ich hörte Ähnliches auch von anderen Gartenbesitzern. Fakt ist jedoch, dass es eine absolute Minimierung der Nacktschnecken gab, worüber ich sehr glücklich war, da es mir unmöglich ist, sie umzubringen. Doch ganz sicher erlebe ich bei mir erstmals eine Verbindung zu den Pflanzen, die vom Herzen kommt. Es ist, als ob sie plötzlich zu mir sprechen würden, wenn ich an ihnen arbeite.

Ich fühle ihr stilles, gebendes Sein und entdecke eine ganz neue, große Dankbarkeit in mir für die Verantwortung, die ich für einen lebenden Garten übernehmen durfte.

Am prächtigsten begrüßt mich unsere Vogelbeere am Eingang des Hauses, denn sie belohnt mich mit einer noch nie erlebten Blüten- und Beerenfülle. Es ist die pure Lebensfreude! Wie selbstverständlich haben sich nun auch größere Veränderungen im Garten ergeben, die vorher große Mühe bereitet hätten.

Ich danke allen Gartenwesen und allen Engeln für ihre liebende Unterstützung meiner Taten und ich danke Ihnen, Herr Weigerstorfer, für die Vermittlung und Ihr großes Herz!

Sebastian H. – Erfahrungsbericht zum Gartensegen

Anfang 2006 kaufte ich den Urteilchen-Gartensegen. Da ich eine kleine Gärtnerei habe, stellte ich den Gartensegen neben die Tomatenpflanzen. Diese wuchsen sofort besser. Da ich mir dann aber in dieser Zeit einen größeren Chembuster kaufte - ein in Amerika entwickeltes Gerät, mit dem man die Giftstreifen, auch Chemtrails genannt, am Himmel auflösen kann – wurde die Wirkung des Gartensegens neutralisiert.[1]

Wir hatten heuer schöne Tomaten, was das aber bewirkt hat, kann ich leider nicht sagen, denn der Chembuster hat auch eine sehr gute Wirkung auf das Pflanzenwachstum. Leider gehen die Giftstreifen am Himmel nicht mehr alle weg.

Notburga S. – Erfahrungsbericht zum Gartensegen

Hiermit sende ich Euch meinen Bericht über die Beobachtungen seit der Aufstellung des Gartensegens.

Die wunderschöne, violette Kugel bekam am 30. Januar 2006 einen geschützten Platz am Fensterbrett auf der Terrasse.

Ich fühlte sofort, wie sich eine weiche, angenehme, aber zugleich starke Schwingung von der Kugel ausgehend ausbreitete.

Im Garten fiel mir auf, dass Blütezeit der Christrose dieses Jahr von Februar bis März reichte, was erstaunlich lange ist. Der Flieder blühte sehr üppig und wunderschön.

---

[1] Anmerkung des Verlegers: *Der ‚Chembuster' wird nicht von der ‚Wu-Wei Auslieferungs-GmbH' vertrieben. Zur Auflösung von Chemtrails empfehlen wir den ‚Urteilchen-Strahler', mit dem in diesem Bereich schon interessante Ergebnisse erzielt worden sind.*

Im Haus bemerkte ich, dass die Orchideen dieses Jahr besonders reich blühten. Die Blütenrispen waren zahlreicher und länger als sonst.

Auch der Aprikosenbaum trug heuer viele gute Früchte. Unser Pflaumenbaum hatte sonst immer kranke, mit einem Pilz befallende Früchte gehabt. Ich wollte deshalb abwarten, wie sich diese heuer entwickeln und wie sie reifen würden. Es waren immer so deformierte, längliche, weiße Pflaumen gewesen, die dann abfielen. Nur ein knappes Drittel der Früchte war brauchbar.

Heuer hatte der Baum keinen Pizbefall. Er trug reichlich. Die Pflaumen waren ganz gesund und sehr schmackhaft.

Durch diese Beobachtungen kann ich eine gute und positive Wirkung der Gartensegen-Kugel bestätigen. Es war für uns eine auffallende Gesundung für unsere Bäume, Früchte und Blumen. Vielen Dank für diese gute und wirksame Kugel.

Carla S. - Erfahrungsbericht zum Gartensegen und zum Haussegen

Zu Hause stellte ich die Urteilchen-Haussegen Kugel auf den Schreibtisch meiner Praxis und der Urteilchen-Gartensegen bekam einen schönen Platz im Garten unter einer Birke. Mein Gefühl zu diesen Kugeln war von Anfang an sehr positiv. Ansonsten verspürte ich keine direkte Wirkung. Jedoch im Hintergrund tat sich viel. Ich möchte beide Kugeln nicht mehr missen, da ich sie als starke Freunde auf einer anderen Ebene empfinde.

Elke B. - Erfahrungsbericht zum Gartensegen und zum Haussegen

Am 24. 11. 2005 habe ich die violetten Kugeln Urteilchen-Haussegen und Urteilchen-Gartensegen erhalten und bekamen beide Ihren Platz in unserem Haus. Der Urteilchen-Haussegen wurde in das Wohnzimmer (zentrale Stelle für das ganze Haus) aufgestellt. Der Urteilchen-Gartensegen wurde im Wintergarten (angrenzend an das Wohnzimmer circa vierzig Quadratmeter) platziert. Die im Dezember gekauften sieben Pflanzen unterschiedlicher Art, gedeihen und wachsen bis jetzt wunderbar.

Am 02. 02. 2006 habe ich den Urteilchen-Gartensegen aus dem Haus entfernt und die Kugel in das Gewächshaus gestellt. In diesem Gewächshaus überwintern mehrere Pflanzen und Bäume. Die Kugel Urteilchen-Haussegen kann man wirklich als „Haussegen" und als etwas ganz Besonderes bezeichnen. Mit Aufstellung der Kugel wurde alles sehr viel sanfter und ruhiger in unserem Haus. Ich merkte, dass ich mich veränderte.

Dinge, die mich vorher ‚genervt' hatten, kamen jetzt gar nicht mehr an die Oberfläche. Wir gehen nun sehr viel liebevoller miteinander um, eine äußerst schöne Erfahrung! Gespräche mit Menschen, die in das Haus kommen, fühlen sich wie in Watte gepackt an. Die Gäste spüren die besondere Atmosphäre und sind wunderbar geborgen. Natürlich ist es kein Zufall, dass in meiner Umgebung auch Menschen sind, die den Urteilchen-Haussegen bereits in ihren Räumen haben und auch dort sind Veränderungen aufgetreten.

Erfahrungsbericht zum Gartensegen und zum Haussegen (anonym)

Genau im gleichen Zeitraum wie den Urteilchen-Haussegen haben wir den Urteilchen-Gartensegen in unserem Wohnzimmer aufgestellt. Hier haben wir sehr viele Blumen, die im Raum eine gemütliche Sphäre schaffen und Ecken und Kanten ausgleichen. An unser Wohnzimmer grenzt ein Wintergarten, in dem ein Blumenwald steht. Die Pflanzen können dort auch im Winter bleiben, da die Temperatur nicht unter fünf Grad absinkt.

Alle Pflanzen gedeihen wunderbar, gerade kommt ein Kaktus zum erblühen. Als besonderes Ereignis kann ich unseren Ficus Benjamini erwähnen, der zurzeit in der Nähe unseres drahtlosen Telefons seht. Dieser hatte im Dezember sehr mit braunen Blättern zu kämpfen. Daraufhin haben wir den Gartensegen neben seinen Topf gestellt. Jetzt schreiben wir schon Anfang Februar und seine Blätter streben dem Licht entgegen und sind sehr grün. Alle Blumen fühlen sich sehr wohl.

Gerlinde B. – Erfahrungsbericht zum Gartensegen und zum Haussegen

Ankunft Dezember 2005. Als die Kugel aufgestellt war, ging ich mit unserem Hund spazieren. Ich hatte das Gefühl, dass es sehr ruhig wurde und Zwerge aus der ganzen Umgebung mit Werkzeugen in unseren Garten wanderten.

Die Pflanzen waren in der Ruhephase, aber es kamen zahlreiche Tiere zum Füttern, die sonst nie da waren, z. B. Eichhörnchen und ab und zu ein Sperber, drei verschiedene Arten von Meisen, Amseln, Dompfaffen und jede Menge Sperlinge. In der ersten Nacht mit Haus- und Gartensegen sah ich vor dem Einschlafen Jesus!? Kwan Yin und andere Geister und Devas? Ich wusste, es war genau richtig, beide Kugeln zu haben. Speziell die Gartenkugel half mir bei der Verbindung zu den Tieren (Kommunikation) sehr.

Ab Februar hatte ich das Bedürfnis, im Garten zu arbeiten, aber wir hatten noch Schnee. Ich legte mir ein kleines Gewächshaus zu, in dem dann auch schon Salat und Kräuter gediehen. Bei den Gartenpflanzen machte ich die Erfahrung, dass alles circa zwei Wochen eher bei uns austrieb und blühte als bei den Nachbarn. Es ist in unserem Garten zauber-haft geworden und jeder sagt, es sieht wundervoll aus.

Überhaupt sind wir jetzt dabei, kräftig im Garten zu werkeln, damit es noch schöner wird.

Die Ideen kommen jetzt müheloser und die Gartenarbeit macht jetzt noch mehr Spaß.

Mir fiel auf, dass dieses Jahr die Schnecken, die uns sonst den Spaß am Pflanzen verdorben hatten, nicht zu sehen sind. Alles, was ich ausgesät habe, ist prächtig gewachsen. Unsere Pflanzen sehen wundervoll gesund aus und auch von Blattläusen ist keine Spur zu sehen.

Was mir noch sehr positiv auffiel (ich habe einen Hundesalon im Haus) war, dass selbst ängstliche Tiere plötzlich mühelos in den Salon gingen und sich sogar freuten. Eine Freundin sagte vor ein paar Wochen, dass sie noch nie so gesund aussehende Sperlinge mit so starken Farben gesehen hat.

Ich bin sehr gespannt, was diesen Sommer in unserem Garten los sein wird, denn wir haben im Juni Urlaub, werden aber nicht wegfahren. Ich freue mich auf die Schmetterlinge, die auch ungewöhnlich früh da waren, darunter auch das Taubenschwänzchen.

Ich bin der Meinung, dass erst Haus- und Gartensegen zusammen die Aura des Hauses so verändern, dass man gar nicht mehr wegfahren will. Das Gefühl, ich bin angekommen, hier kann ich Wurzeln schlagen und mich entfalten, hatte ich an noch keinem Ort, bis zu dem Zeitpunkt, als die Haus- und Gartensegen kamen.

Ich liebe meine beiden Kugeln sehr und möchte sie nicht mehr missen. Sie zusammen bringen in jedes Heim Segen, Licht und Liebe. Ich könnte noch Stunden weiter schreiben, aber eigentlich sollte der Bericht kurz zusammen gefasst sein.

Es ging leider nicht kürzer. Vielen lieben Dank für die wundervollen Begleiter!

Margitta W. - Erfahrungsbericht zum Gartensegen und zum Haussegen

Bereits zwei Wochen, nachdem wir den Gartensegen in der Mitte unseres Gartens aufgestellt hatten, zeigten sich erste Veränderungen: Die Pflanzen kamen mit weniger Wasser aus und alle unsere Bäume bekamen ihre ersten Knospen trotz strengem Winter. Die Blätter am Rhododendron hingen nicht mehr wie in den Nachbargärten herunter und er wuchs sogar etwas. Auch unser Vogelhaus ist mehr frequentiert als zuvor. Man hat ein Gefühl von Sicherheit auf dem Grundstück - manche Menschen prallen regelrecht ab und verlassen fluchtartig das Grundstück. Kurz nach dem Aufstellen des Haussegens fingen wir an, vollständig zu entspannen und schliefen sehr viel.

Der Haussegen verstärkt die Bedürfnisse des Einzelnen - auch bei Besuchern. Der, der Schlaf braucht, wird müde; der, der Vegetarier sein möchte, spricht dies aus und der, der krank ist, setzt sich intuitiv in die Nähe des Haussegens. Unsere Haustiere sind so munter, wie noch nie! Ein Gefühl von ‚es geht weiter mit neuen Perspektiven' stellt sich bei uns ein.

Vielen Dank! Eure Produkte sind eine wirkliche Bereicherung unseres Alltags und haben eine körperlich fühlbare, positive Energie, die wir sehr zu schätzen wissen.

Udo S. – Erfahrungsbericht zum Gartensegen und zum Haussegen

Es fällt auf, dass sich die Natur dieses Jahr sehr üppig entwickelt. Wir hatten bis Mitte April viel Schnee. Trotzdem blüht alles wunderbar. Ein Baum, der sehr nahe am Haus steht und somit ganz schlechte Standortbedingungen hat, behält das erste Mal seit sechzehn Jahren seine Blüten.

Den Zusammenbruch meines schrottreifen Gewächshauses und schwere Schneeschäden an meiner Fotovoltaikanlage konnten die Glaskugeln allerdings nicht verhindern.

Durch die Aufstellung des Haussegens war vordergründig nicht viel zu bemerken. Auffällig war, dass ich trotz meiner sehr schweren Erkrankung zumindest zeitweise wieder lesen und mich mit spirituellen Dingen beschäftigen konnte, was mir vorher nicht mehr möglich gewesen war.

Elisabeth. W. – Erfahrungsbericht zum Gartensegen und zum Haussegen

In unserem Garten wächst und gedeiht alles vorbildlich. Mein Zitronenbäumchen hatte noch nie so viele Blüten und Fruchtansätze wie in diesem Jahr und ich habe das Bäumchen schon circa fünf Jahre. Auch unsere Obstbäume tragen äußerst üppig. Unser Gemüse steht sehr gut da. Die Erbsenernte hat schon begonnen: Es ist eine Freude, so große, schöne und schmackhafte Erbsen zu essen. Auch meine Alpenveilchen blühen schon wieder. Letztes Jahr musste ich auf die zweite Blüte bis zum Herbst warten. Herzlichen Dank für die Entwicklung des Gartensegens.

Und nun möchte ich noch etwas über den Haussegenberichten: In der ersten Nacht bin ich oft aufgewacht. Dann jedoch konnte ich wieder gut schlafen. Meine Heilpraktiker-Praxis habe ich bei mir im Haus und ich höre öfters von meinen Patienten, dass es ihnen, einige Tage nachdem sie bei mir waren, sehr gut geht. Auch sagen einige Patienten, dass eine gute Schwingung in diesem Raum sei.

Mein Mann und ich fühlen uns sehr wohl in unserem Heim. Wir sind auch, wenn wir später ins Bett gehen, am nächsten Tag voll leistungsfähig. Während der Meditation baut sich eine positive Schwingung auf. Die Selbstheilungskräfte wirken sehr gut in den gewünschten Körperteilen. Es kommt oft verblüffend schnell zur Besserung.

Renate W. – Erfahrungsbericht zum Haussegen und zum Gartensegen

Seit Anfang Mai 2006 habe ich die wunderschönen Garten- und Haussegenkugeln. Ich bin glücklich, dass ich damit jetzt für die Pflanzen und Lebewesen auf meinem Grundstück, aber auch zu beiden Nachbarschaftsseiten, gesunde, stärkende Schwingungen vermittelt weiß.

Meine Topfrosen, die den Winter gut überlebt haben, zeigen ein ganz gesundes, glänzendes Blattwerk und tragen schon zum zweiten Mal herrliche Blüten. Jetzt bei dieser anhaltenden Sommerhitze gieße ich die Blumen morgens und abends. Ich lasse die vollgefüllten Wasserkannen immer in der Nähe des Gartensegens stehen. Ich habe die Wasserqualität geprüft und finde, dass sie, nachdem das Wasser einige Zeit in der Nähe des Gartensegens gestanden ist, eine wesentlich besserer Qualität als vorher hat.

Unter der Treppe, die sich vor meiner Haustür befindet, hatte sich schon im letzten Jahr ein Ameisenvolk angesiedelt. Das war mir gar nicht recht. Jetzt sind sie weggezogen und wohnen nun circa zwanzig Meter vom Haus entfernt. Sie haben sich ein großes Areal mehr zur Straße hin erobert, was mich sehr freut. Gestern Abend entdeckte ich ein Wespennest in der Erde. Auch das befindet sich erträglich weit vom Hauseingang entfernt, sodass bei mir keine Panik aufkommt. Ich lasse ihnen den Raum, denn auch sie sind nützlich.

Ich freue mich sehr, dass auch Bienen und Hummeln mein Grundstück besuchen. In der Hainbuchenhecke nisten Vögel. Viele Vögel waren schon immer in Hausnähe. Sogar eine kleine Eule hat sich eingenistet.

Für den Winter habe ich mir überlegt, den Gartensegen ins Gartenhäuschen zu stellen, da ich Sorge habe, dass die Witterung der schönen Kugel nicht gut bekommt.[2] Die Topfrosen könnten dann auch dort überwintern, schön eingepackt natürlich.

Ich spreche immer mal mit beiden Glaskugeln, sowohl mit dem Garten- als auch mit dem Haussegen.

Ich habe den Eindruck, dass der Haussegen mir zusätzliche Kräfte vermittelt, damit ich den Anforderungen des Alltags besser gerecht werden kann.

Ich bin dafür dankbar und fühle mich reich! Herzlichen Dank und liebe Grüße.

Marlies S. – Erfahrungsbericht zum Haussegen und zum Gartensegen

Heute möchte ich mich von ganzem Herzen für Ihre Arbeit bedanken. Mit Ihren Erfindungen helfen Sie, das spirituelle Bewusstsein der Menschen zu erhöhen.

An dem Tage, als ich meinen Urteilchen-Haussegen das erste Mal in den Händen hielt, freute ich mich wie ein Kind. Seit diesem Tage an musste ich viele Lektionen lernen und gewiss folgen noch weitere. Aus mehreren Channelings und Kartendeutungen weiß ich, dass ich mich dank dieser wundervollen, violetten Kugel ohne große Probleme weiter entwickeln konnte. Ich bin dankbar mit Hilfe Ihrer Erfindung am Aufstieg der Erde teilnehmen zu dürfen. Ohne Angst freue ich mich auf dieses Wunder des Wassermannzeitalters.

Meine Kinder wollte ich auch daran teilhaben lassen. So stellte ich diesen Schatz in ihren Wohnungen auf. Sofort spürte ich einen großen Verlust bei mir. Noch am selben Tag bestellte ich mir erneut einen Urteilchen-Haussegen. Wie bei der ersten Lieferung, freute ich mich auch dieses Mal, als ich meinen zweiten Urteilchen-Haussegen in meiner Wohnung aufstel-

---

[2] Anmerkung des Verlegers: *Unter normalen Umständen macht die Winterwitterung der Glaskugel nichts aus. Also keine Angst!*

len durfte. Heute möchte ich endlich den versprochenen Bericht über den Urteilchen-Gartensegen abgeben. Nachdem ich schon Erfahrungen mit dem Urteilchen-Haussegen machen durfte, entschied ich mich, auch den Gartensegen zu bestellen. Er steht nun auf meinem Balkon. Die Pflanzen gedeihen sehr gut. Ich selbst besitze keinen Garten, sehe aber das wunderschöne Wachstum der Natur in den Nachbargärten und spüre die Dankbarkeit der Nachbarschaft für ihre traumhaften Gärten.

Danke für ihre spirituelle Arbeit.

Kerstin B. – Erfahrungsbericht zum Haussegen und zum Gartensegen

30. 11. 2005

Heute bekomme ich mit der Post den Gartensegen und den Haussegen zugesandt. Ich stelle die Gartenkugel auf unserer Terrasse an einen sonnigen Platz, sodass sie vom Haus aus sichtbar ist. Nach dem Platzieren bin ich sofort von einer munteren Vogelschar umgeben

07. 12. 2005

Die Vögel sind viel zutraulicher als vorher und eine große Vogelschar bevölkert unsere Terrasse. Auch wenn ich an der Scheibe erscheine, macht sich keine Angst unter den Vögeln breit!

18. 01. 2006

Ein spürbarer Frieden auf der Terrasse.

Juli 2006

Nach nunmehr einem halben Jahr möchte in ein Fazit ziehen.

Unsere Pflanzen gedeihen prächtig - mir kommt oft der Gedanke des energetischen Düngers. Alles ist sehr üppig!

Immer wieder fällt mir und auch unseren Besuchern der spürbare Frieden auf. Obwohl die Terrasse an einer befahrenen Straße liegt.

Ich freue mich sehr über den Gartensegen und da der Garten neu gestaltet wird, freue ich mich auf das, was da wohl noch kommen mag.

PS: Auch der Haussegen ist nach wie vor der Mittelpunkt unseres Hauses und ich bin sehr froh darüber.

Danke für dies Erfahrung.

Sigrid R. – Erfahrungsbericht zum Gartensegen und zum Haussegen

Wir haben uns den Urteilchen-Gartensegen im Winter 2005 gekauft. Da der Winter dieses Jahr sehr frostig war, hatten wir die Befürchtung, die Kugel könne uns kaputt frieren und entschieden uns, sie erst im Frühjahr draußen zu positionieren. Nun liegt sie seit März bei uns im Garten. Da die Vegetation in diesem Jahr sehr spät zu wachsen begann, dann der anschließende Regen und die Wärme ein gutes Wachstum begünstigten, was allgemein zu einem üppigen Wachstum führte, kann ich zu diesem Zeitpunkt nicht unbedingt Rückschlüsse auf den Gartensegen ziehen. Dies muss weiter beobachtet werden, da die Ernte ja noch vor uns liegt.

Eines können wir jedoch feststellen. Die Artenvielfalt der Vögel hat sich beträchtlich gesteigert; sogar eine Nachtigall hat sich dazugesellt. Tiere im Allgemeinen fühlen sich auffallend wohl bei uns im Garten.

Fünf Monate später:

Da der Sommer bei uns sehr trocken war und die so lang anhaltende Dürre fast alles vertrocknen ließ, haben wir so unsere Zweifel, ob die Kugel das auffangen kann, was uns die Natur beschert. An dieser Stelle möchte ich anmerken, dass wir einen landwirtschaftlichen Betrieb haben.

Die Getreideernte verlief der Witterung entsprechende schlecht und die Erntemenge war unter dem Durchschnitt. Die Getreidequalitäten waren aber über dem Durchschnitt, sodass wir hochwertiges Getreide produziert hatten und dies auch dementsprechend vergütet wurde. Durch den allgemeinen Mangel an Getreide war der Mehrpreis dann so hoch, dass wir am Ende keinen Verlust hatten.

Jetzt im Herbst war die Rübenernte. Die Rüben waren auch durch die lang anhaltende Trockenheit in ihrem Wachstum klein und der Zuckergehalt im Allgemeinen höher wie sonst. Interessanterweise war auch hier zu beobachten, dass nicht die Menge gestiegen war, aber der Zuckergehalt wieder weit über dem allgemeinen Durchschnitt lag. Die Zuckerfabrik fragte anschließend nach, was wir mit unseren Rüben gemacht hätten, denn teilweise waren die Zuckerproben so hoch, dass das Messinstrument den Zuckergehalt nicht mehr anzeigte. Wir sind sehr aufmerksam, denn es gehören immer viele Faktoren dazu. Bei Trockenheit bildet die Rübe eben vermehrt Zucker aus, sodass uns das Klima auch hier begünstigte. Unsere unmittelbaren Feldnachbarn konnten auch nicht klagen.

Schauen wir am Ende auf alle Faktoren, die das Ernteergebnis beeinflussten, so können wir trotz aller Skepsis, die wir haben, sagen, dass diese Kugel etwas ganz besonderes ist, denn das Endergebnis unserer Bilanz fällt positiv aus. Sicherlich muss man hier auch über mehrere Jahre hinweg beobachten, um zuverlässige Bewertungen abgeben zu können. Und nun möchte ich noch ein paar Worte zum Haussegen sagen.

Im September 2005 passierte ein schrecklicher Unfall und unsere kleine Tochter ertrank in unserem Gartenteich.

Die Eltern meines Mannes wohnen mit uns auf dem gleichen Grundstück. Die Beziehung zwischen den Eltern und uns brach ein paar Wochen nach dem Tod komplett zusammen.

In dieser traumatisierten Situation kaufte ich den Urteilchen-Haussegen, in der Hoffnung, wieder Frieden im Haus und innerhalb der Familie herzustellen. Nach kurzer Zeit musste ich jedoch feststellen, dass es nicht besser, sondern eher noch heftiger geworden war. Ich war drauf und dran, das Ding wieder zurückzugeben.

Ich tat es aber nicht! Ich entschied mich, noch etwas zu warten, denn die Situation, in der ich mich befand, war ja auch nicht alltäglich.

Heute, also neun Monate später, kann ich sagen, wenn ich mich mit anderen Familien, die ein ähnliches Schicksal erlebt haben, vergleiche, geht es meiner Familie und mir den Umständen entsprechend außergewöhnlich gut.

Insbesondere der Umgang mit den Emotionen fällt wesentlich leichter. Die Emotionen sind nicht weg, ganz im Gegenteil! Sie sind sogar sehr stark! Es ist so, als würden sie mich erleben und nicht ich sie. Ich bin da eher der Zuschauer und bekomme mit, was mit mir passiert. Es geht irgendwie durch mich hindurch.

Das Gleiche beobachte ich auch bei meinem Mann und unseren drei Kindern.

Für mich bringt der Urteilchen-Haussegen einen absoluten Klärungsprozess, der allerdings sehr schmerzhaft vonstatten geht. Es stellt sich dabei eine neue Art von Segen im Haus ein und der fühlt sich gut an.

Anne G. - Erfahrungsbericht zum Gartensegen und zum Urteilchen-Strahler

Sehr geehrter Herr Weigerstorfer, hiermit möchte ich Ihnen meinen Erfahrungsbericht mit dem Gartensegen mitteilen.

Seit Anfang des Jahres habe ich den Gartensegen in unserem Grundstück außerhalb der Stadt aufgestellt. Wir haben einen wunderschönen, großen Kirschbaum - der Star in unserem Garten. Durch die Hitze des Jahres 2003 hatte er einen großen Schaden erlitte.

Da es bis vor vier Wochen kein Wasser auf unserem Grundstück gab trauerte der Baum. Letztes Jahr hingen nur wenige Blätter kraftlos und zerzaust an ihm, Früchte hatte er so gut wie keine. Unser Nachbar - der wirklich Erfahrung mit Obstbäumen hat - sagte, er gebe keinen Pfifferling mehr für diesen Baum. „Der ist hin", meinte er.

Jetzt, nachdem der Gartensegen aufgestellt wurde, hat der Baum wieder üppige Blätter. Er blüht nun wunderschön und wir sehen sehr viele Ansätze von Früchten. Aber nicht nur der Kirschbaum, auch die Beerensträucher, haben trotz Wildschaden sehr schön neu ausgeschlagen. Der Schmetterlingsbaum bzw. Sommerflieder hatte schon vier Jahre lang kaum Wachstum gezeigt. Jetzt drängt alles an ihm heraus. Der Busch ist dreimal so dicht wie letztes Jahr.

Ich habe ja schon durch den Urteilchenstrahler viele Wunder erleben dürfen. Der Gartensegen hat mir wiederum gezeigt, dass Sie, Herr Weigerstorfer, wirklich mit göttlicher Energie arbeiten und auch uns Menschen daran teilhaben lassen. Herzlichen Dank dafür.

Selbstverständlich bin ich einverstanden, wenn Sie diese Beschreibung veröffentlichen, damit noch viele Menschen von diesen wunderbaren Möglichkeiten erfahren. Unser Nachbar jedenfalls staunte und fragte was wir denn gemacht haben. Leider glaubt er nicht an übernatürliche Dinge. Er lachte nur als ich ihm den Gartensegen zeigte.

Renate Sch. - Erfahrungsbericht zum Gartensegen und zum Bio-Wipp

Als ich mir im März diesen Jahres den rechten Arm brach und plötzlich viel Zeit hatte, konnte ich genau das Wirken des Gartensegens beobachten. Ich hatte ihn doch sichtbar auf der Terrasse platziert, sodass er unseren gesamten Garten beeinflussen konnte.

Meine alten Rosenstöcke, die schon fast auf dem Kompost hätten landen sollen, haben sich doch tatsächlich auf wunderbare Weise verjüngt und bilden nun viele neue Knospen. Mein Magnolienbaum, mit dem ich oft rede und den ich sehr liebe, hat mir in diesem Frühjahr, obwohl er noch sehr jung ist, viele, viele Blüten geschenkt. Der Rhododendron ist so fett in Blüte, dass jeder Besuch unseren Vorgarten bewundert. Und unsere Haustiere – fünf Katzen, ein Hund, zwei Igel – spielen fröhlich auf dem Rasen. Neulich abends kam unser Igelmann aus seinem Igelhäuschen (von uns vor Jahren für die Igelfamilie zum Überwintern gebaut), wanderte durch die Blumenwiese, reckte, wälzte und putzte sich und schmatzte schließlich. So was habe ich die ganzen Jahre noch nicht erlebt. Deswegen glaube ich, dass der Gartensegen wirklich ein Segen ist.

Herzliche Grüße

PS: Ich war jeden Tag mit meinem gegipsten Arm auf der Biowippe. Dank Haussegens und der Biowippe kamen der Gips und die Nägel schon nach dreieinhalb Wochen runter bzw. raus. Geplant waren sechs Wochen!

Gerda S. - Erfahrungsbericht zum Haussegen zu den ‚Nullzonen-Produkten, zu den Urteilchen-Produkten und zum Gartensegen

Ende Januar habe ich den Urteilchen Haussegen und den Urteilchen-Gartensegen erhalten. Beiden habe ich sofort einen Platz im Haus, bzw. im Garten gegeben. Ich selbst habe bis jetzt keine Schwingungserhöhung in meinem Haus wahrgenommen. Das liegt mit Wahrscheinlichkeit auch daran, dass ich schon lange ihre Nullzonen-Produkte GEO, ELO und usw. und später die violetten Urteilchen-Produkte, z. B. den GEO für mein zu Hause nutze. Außerdem benutze ich die Energie der Reiki-Symbole, um mein Heim zu harmonisieren. Ich liebe mein Zuhause sehr. Diese Liebe ist auch hier bei mir daheim spürbar und strahlt zurück. Ich lebe mit meinem 86jährigen Vater und zwei Hauskatzen zusammen in einem Haus. Seit über einem Jahr beobachte ich eine freilaufende Katze in der Umgebung meines Hauses. Ich habe sie mit Futter unterstützt. Konnte aber sonst leider keinen näheren Kontakt zu ihr herstellen, da sie sehr ängstlich war. Anfang Februar saß sie auf einmal vor der Kellertüre und wollte herein. Ich habe ihr im Heizungskeller einen Schlafplatz gemacht, den sie sofort angenommen hat. Zu mir wurde sie hierauf auch ganz schnell zutraulich. Sie hat dann bis Ende Februar nur im Keller gelebt. Natürlich habe ich sie, nach ihrem Bedürfnis entsprechend, immer wieder in den Garten und in die Freiheit gelassen. Sie ist aber immer wieder in den Keller zurückgekommen. Seit einer Woche fasst sie so viel Vertrauen, dass sie es wagt, in den Wohnbereich hinein zu kommen. Es kann meiner Ansicht nach kein Zufall sein, dass sie, kurz nachdem ich die Haus- und Gartensegen bekommen habe, so vertrauensvoll wurde, dass sie nun bei mir zu Hause ist. Ich freue mich sehr darüber, denn ich hatte die Hoffnung darauf schon aufgegeben. Ich glaube, dass unsere Tiergeschwister sowieso offener für die feinstofflichen Schwingungen sind, als zurzeit die meisten Menschen. Jedoch habe ich auch bei meinen Bekannten bemerkt, dass sie bei mir zu Hause in den letzten Wochen gerne ‚kleben' bleiben. Wenn sie sagen, „Jetzt muss ich aber wirklich gehen!", dann bleiben sie immer gerne noch länger.

Ganz besonders freut mich; dass mit dem Gartensegen Umweltgifte neutralisiert werden. Mein Gartenbereich ist seit drei Jahren zu einem großen Teil mit Kieselsteinen ausgelegt und es ist nur sehr mühsam möglich, das Unkraut dort manuell zu entfernen. Deshalb freue ich mich ganz besonders über den Gartensegen, weil er in der Lage ist u. a. Umweltgifte in meinem Garten zu löschen. Grund genug, ihn zu kaufen.

Diesen Bericht über die Haus- und Gartensegen nutze ich jetzt auch aus, um Ihnen noch zu bestätigen, dass die ‚Urteilchen-Atmung' einfach großartig ist. In der ersten Januarwoche hatte ich Urlaub und habe mir die Zeit genommen, ihr Video anzuschauen. Seitdem mache ich morgens und abends die ‚Urteilchen-Atmung'. Die ersten Tage hatte ich ein Gefühl der emotionalen Reinigung, z. B. Umkehrung nicht gerade guter Laune. Ich war ohne Anlass wütend und ärgerlich, aber auch weinerlich. Ich habe sogar intensiv geträumt, was ich normalerweise nicht so kenne. Aber jetzt fühle ich mich einfach super und gefestigter. Vor allem aber spüre ich, dass ich authentischer werde und mehr Selbstausdruck habe. Ich habe sogar das Gefühl, besser auszusehen (irgendwie strahlender). Es ist einfach toll, in so kurzer Zeit (ein paar Minuten täglich) mein Energiesystem und meine Chakren ins Gleichgewicht zu bringen. Dadurch haben sich mittlerweile auch meine Rückenprobleme deutlich gebessert. Das hört sich fantastisch an, aber es ist so! Mittlerweile bin ich beschwerdefrei. Das kann kein Zufall sein. Hat dazu vielleicht auch die Schwingung des Haussegens beigetragen? Die ‚Urteilchen-Atmung' ist ein fester Bestandteil meines Tages und wird es mit Sicherheit auch bleiben. An dieser Stelle möchte ich Ihnen einfach mal danke sagen. Ich habe nur Gutes und Schönes durch Ihre Produkte kennen gelernt und erfahren.

Sieglinde V. Erfahrungsbericht zum Gartensegen

Seit einigen Wochen steht der Gartensegen in meinem Garten. Ich habe ein Grundstück, das mit Wasseradern und verschiedenen Erdauffüllungen (auf einem alten Steinbruch) versehen ist. Daher hatte ich immer sehr unterschiedliche Ergebnisse bei meinem Stauden und Blumen.

Dieses Jahr steht alles gleich gut gewachsen da und ich fühle mich im Garten richtig gut. Schon wenn ich die Treppe hinauf gehe, habe ich gleich das Gefühl, als ob ich in eine andere Atmosphäre rein steigen würde. Ich kann die Adern und Störungen mit dem Pendel zwar noch austesten, aber im Großen und Ganzen sind jedoch die negativen Energien und Störungen weg.

Es ist mir eine Freude, Ihnen das mitteilen zu können und ich freue mich über meinen schönen Garten jeden Tag aufs Neue. Ich kann nur jedem empfehlen, es auszuprobieren – es loht sich!

Ich bin gespannt, wie mein Gemüse und meine Tomaten schmecken werden.

Noch ein Wort zu dem 12-Kräuter Urteilchen-Pulver und Ölbad: Sie sind einfach super bei Erkältung und Gliederschmerzen. Einfach toll.

Auch hierfür herzlichen Dank.

Erfahrungsberichte zum ‚Haussegen'

Sabine O. – Erfahrungsbericht zum Haussegen

Obwohl ich ihn noch nicht so lange habe, ist er hier schon so selbstverständlich zu Hause, wie ein altes Familienmitglied. Ich möchte ihn nicht missen. In diesen zwei Monaten ist soviel hier und in meinem Leben passiert. Da fällt es mir nicht einfach, die Zusammenhänge herauszukristallisieren. Im November erhielt ich mein Wasserfiltersystem, im Dezember kamen die Urteilchen-Produkte und der Haussegen. Diese Sachen förderten alle meinen Prozess, mir selbst bewusster zu werden. Der Haussegen strahlt Harmonie und Gemütlichkeit aus. Die Stimmung ist gelöst. Die Atmosphäre ist sanft und liebevoll, ehrlich und klar. Besucher verhalten sich auch viel achtsamer, besonnener, ja fast ehrfürchtig. Mir kommt es so vor, als ob ich den Haushalt besser hinbekäme. Meine Tochter will sich nur noch zu Hause mit anderen Kindern verabreden, so dass hier ständig Kinder sind, die sich auch sehr wohl fühlen.

Ingrid B. – Erfahrungsbericht zum Haussegen

Gleich am Tag der Ankunft des Urteilchen-Haussegens habe ich damit begonnen, alle Dinge, die ich bisher nur unnötig angesammelt hatte, wegzuschmeißen. Ich habe das Gefühl, dass ich, seitdem der Haussegen hier ist, besser in die Gänge komme. Ich war oft am Morgen antriebslos. Zudem habe ich das Gefühl, dass wir mehr Gäste im Haus haben. Das freut mich am meisten.

Doris F. – Erfahrungsbericht zum Haussegen

Wir haben den Haussegen seit dem 23. 12. 2005 bei uns im Haus aufgestellt. Am nächsten Tag, am Heiligen Abend, haben sich unsere beiden Katzen (die sich noch nie leiden konnten) zum ersten Mal zusammen ganz dicht auf das Sofa gelegt, sozusagen Rücken an Rücken, ohne sich anzufauchen und zu kratzen. Das war schon eine kleine Sensation und ist sogar unseren Gästen aufgefallen. Bei uns selbst (wir sind drei Personen im Haus) ist uns sonst weiter nichts aufgefallen. Es kann aber auch sein, dass die vielen guten Geister zu unseren Nachbarn rübermarschiert sind (wir wohnen in einem Reihenhaus) und dort ihre Taten vollbracht haben: In diesem Haus war immer Krach und Radau; die Mutter hat nur noch hysterisch herumgeschrieen und die Kinder haben entsprechend laut gebrüllt.

Seit wir den Haussegen aufgestellt haben, herrscht dort tatsächlich Ruhe und zwar genau seit dem Tag der Aufstellung, selbst der Hund bellt nicht mehr.

Regina Z. - Erfahrungsbericht zum Haussegen

Am 11. 01. 06 erhielt ich die Violettglas-Kugel Urteilchen-Haussegen. Ich habe gezielt eine Abfrage gemacht, um mich in die Kugel hineinzuspüren. Diese Abfrage hat mich energetisch sehr angestrengt und meine Energie wurde während diesem Kontakt besonders stark angehoben!

18. 01. 06: Seit heute habe ich extrem ausgeprägte Müdigkeit. Ich bin richtig geschafft. Ich spüre ein intensives Transformationsgeschehen in meinem gesamten Energiefeld. Ich lasse alles geschehen und gebe mich dem Vorgang einfach hin. Ich kenne diese ‚Erscheinungen' schon bei mir, jedoch ist seit heute alles viel umfassender und intensiver als zuvor.

19. 01. 06: Ich hatte heute ein starkes, inneres Drängen, nochmals in Meditation bewusst mit der Violettglaskugel in Verbindung zu treten. Ich bekomme nun folgende Wahrnehmungen: Ich spüre immer deutlicher, dass die Kugel noch weit mehr ist, als ich aus dem Beschreibungsblatt entnahm. Die Kugel ist ein äußerst kraftvoller Transformator. Ich arbeite nun schon einige Zeit als spirituelle Lebensberaterin und Lehrerin. Natürlich bin ich auch an meinem eigenen Aufstiegsprozess sehr aktiv am Arbeiten. Ich durfte schon vieles transformieren. Hin und wieder war dieser Bewusstseinsweg auch recht holprig. Auch erschienen manchmal scheinbar unüberwindbare Hindernisse. Durch die stete Hinwendung an meine göttliche Führung wurden die Blockaden jedoch immer auf höchst harmonische Weise aufgelöst und ich ging daraus gestärkt und gereift hervor. Durch die tief greifenden Erkenntnisse, die ich auf diesem Weg empfangen durfte, wurde mein Innerstes reich beschenkt! Der bewusste eigene Wille, der mir aus der Tiefe des Herzens den Antrieb gibt, ist hierbei natürlich von großer Bedeutung. Durch die energetische Wirkung der Kugel Urteilchen-Haussegen spüre ich jedoch sehr deutlich, wie ich zu meinem eigenen Bestreben noch eine zusätzliche Aufstiegshilfe erhalte. In meiner Meditation bekam ich ein Bild, welches dies gut veranschaulicht: Ich kraxle wie ein unternehmungslustiges Kind an einem Baum hoch. Ich will ganz nach oben, um dort, in den obersten Wipfeln, die Aussicht zu genießen und mich sanft von der Baumkrone hin- und herschaukeln zu lassen. Das Hochklettern ist mal leicht, mal schwieriger - jedoch bin ich mir sicher, dass ich es mit dem Willen meines Herzens und mit Gottes Hilfe und Gnade auch schaffen werde. Dieser Baum steht symbolisch für meinen eigenen Aufstiegsprozess. Nun spüre

ich plötzlich, wie ich noch eine zusätzliche Hilfe erhalte (= Violettglaskugel). Es fühlt sich in dem inneren Bild so an, als wäre jetzt jemand (der für die Energie der Kugel steht) hinter mir, der mich noch von unten her anschiebt. Ich merke deutlich, dass der Weg nach oben durch diese energetische Hilfe beschleunigt wird und auch effektiver und kraftvoller vorangeht.

Ich nehme diese große Unterstützung gerne an und freue mich über diese Hilfe. Es fühlt sich an, als wäre ein guter und erfahrener Freund an meiner Seite, der mir den Aufstieg erleichtert und ihn auch stark beschleunigt. Jeder Aufstieg auf den Gipfel eines Hohen Berges braucht einen erfahrenen Bergführer. Für mich ist die Violettglas-Kugel solch eine erfahrene Hilfe. Voraussetzung ist jedoch, dass man sich dafür auch öffnet! Ich selbst wende mich in meinem Herzen stets an die ‚Einheit im Licht Gottes'. Hierbei habe ich einen sehr starken Bezug zu Jesus Christus und zu den Erzengeln. Je nach Bedarf und Aufgabe erhalte ich dann den speziellen Kontakt. Jedoch habe ich auch schon die Verbindung zu verschiedenen ‚aufgestiegenen Meistern' erfahren dürfen. Im Zusammenhang mit der Violettglas-Kugel spüre ich diese Meister-Energie sehr deutlich. Die Meister sind hervorragende Führer für uns - schließlich haben sie ihren eigenen Aufstieg selbst bereits gemeistert und sie kennen den Weg aus eigenem Erleben und Erfahren. Sie wissen auch um die Tücken und die Gefahren, die uns dabei begegnen können. Wenn wir ihre Hilfe dankbar und demütig annehmen, dann achten sie darauf, dass wir nicht straucheln und wieder nach unten rutschen. Sie werden uns sicher nach oben führen!

Meine 12jährige Tochter neigte von klein auf zu Unausgeglichenheit. Dies zeigt sich manchmal in akuter Launenhaftigkeit. Mit Beginn der Pubertät hat sich dieses Thema noch etwas verschärft. Mir ist nun in den letzten Tagen eine sehr deutliche Veränderung bei ihr aufgefallen. Sie ist erstaunlich ausgeglichen. Ich habe dies einige Zeit beobachtet und es scheint auch weiterhin stabil zu bleiben. Sie hat keinerlei undefinierbare Launen mehr. Sie ist im Lot und hat eine gute Ausstrahlung. Statt mich am frühen Morgen nach dem Aufstehen mit mieser Laune anzumaulen, höre ich sie sogar öfters im Kinderzimmer singen. Die schwierige Pubertätsphase scheint ihr jetzt wesentlich weniger Probleme zu machen als zuvor! Ich habe den Eindruck, dass es ihr leichter fällt, ihre Persönlichkeit zu entfalten, bzw. zu entwickeln.

Ansonsten will ich bemerken, dass ich in meiner Wohnung bereits über lange Zeit und in wachsendem Maße viele energetisch hoch schwingende Gegenstände habe (meine medial empfangenen Gebetskärtchen, energetisierte Ampullen, Engelkarten und -bilder, diverse energetische Produkte von Wu-Wei und vieles mehr). Ein stetes Arbeiten an mir selbst und ein damit verbundenes, inneres Wachstum sind daher für mich etwas ganz normales. Die Haussegen-Kugel ist hierbei für mich eine wichtige Ergänzung zu all den wunderbaren energetischen Hilfsmitteln, die mir diesen Weg erleichtern.

Heidi H. - Erfahrungsbericht zum Haussegen

Ich habe den Urteilchen-Haussegen in drei Haushalten, also Häusern, versuchsweise getestet. Das erste Haus steht hundert Meter von einem Umspannwerk entfernt. Anfangs zeigten sich sehr positive Effekte bei sämtlichen Familienmitgliedern. Die Kinder waren ausgeglichener, im Streit befindende Nachbarschaft kam plötzlich wieder auf unsere ‚Versuchsfamilie' zu. Im zweiten Haus sind Wasseradern unter dem Haus. Sie berichteten, dass das Familienklima sich verbessert habe und sogar die Migräneanfälle des Sohnes weg wären. Ich besuchte zwei Wochen nach Entfernung des Haussegens die Familie nochmals.

Nun zum dritten Haus, das von Hochspannungsleitungen, geopathischen Belastung heimgesucht wird. Alles fühlte sich wesentlich besser an. Die Katze der Familie hat einen Kehlkopfkrebs, sie legte sich nachts zum Schlafen auf die Fensterbank zum Haussegen, was ihr gut tat.

Meine persönliche Erfahrung: Ich halte die Urteilchen-Haussegen Kugel am liebsten in den Händen. Sie werden sofort heiß und alle Chakren fangen extrem zu drehen an. Ich habe die Kugel seit vier Tagen im Bett liegen und kann viel besser schlafen.

Heike N. - Erfahrungsbericht zum Haussegen

Ich hatte drei Kugeln bestellt: Eine für den privaten Wohnbereich, eine für meine Heilpraktikerpraxis und eine für meinen studierenden Sohn (auswärts). Die Kugel für den Privatbereich war der erste Urteilchen-Haussegen, den ich erstanden hatte. Doch an der Nachbestellung sieht man, dass die Kugel schnell eine positive Reaktion erzeugt gehabt hatte.

Es war nämlich ganz erstaunlich, was sich alles innerhalb kurzer Zeit bei uns ereignet hatte. So schafften wir es z. B. die schon lange geplante und immer wieder nicht eingehaltene Ernährungsumstellung umzusetzen und zwar für die ganze Familie (fünf Personen), was früher eine große Anstrengung gewesen wäre und einer noch größeren Überzeugungskraft bedurft hätte.

Jeder akzeptierte und führte das vollständige Weglassen von Zucker (auch Honig) und anderen zuckerhaltigen Produkten durch. Erst bei diesem ganz bewussten darauf Achten, in welchem Produkt überall Zucker versteckt ist, wurde uns das ganze Ausmaß dieser kollektiven Manipulation bewusst. Wir haben es bis jetzt gut durchgehalten, dem Zucker zu entsagen und fühlen uns sowohl körperlich (die Pfunde purzeln nur so runter), als auch seelisch-geistig (man fühlt sich von Ballast befreit) ausgesprochen wohl dabei. Des Weiteren hat sich auch auf der kommunikativen Ebene einiges weiter zum Positiven entwickelt. Erstens wurde der Umgang miteinander durchaus noch harmonischer und rücksichtsvoller. Zweitens fließen mittlerweile esoterische Themen weit aus häufiger in die Debatte ein und wir haben das Gefühl, dass wir uns auf einer (mindestens einer) anderen Ebene ganz anders und viel intensiver austauschen können. Die meisten unserer Gäste empfinden eine durchaus angenehmere Atmosphäre und auch hier kommt es noch häufiger zu tiefgehenden Gesprächen.

Auch in der Praxis habe ich schon positive Entwicklungen erkennen können. Die Patienten können sich entspannen und die meisten erfassen seither auch viel früher die Thematik, wenn ich versuche, mit ihnen die jeweiligen Hintergründe ihrer Beschwerden zu beschauen. Immer mehr Menschen, selbst solche, von denen ich es eigentlich gar nicht erwartet hätte, öffnen sich und erzählen von sich aus über, z. B. ‚Engelerfahrungen' und ähnliche Themen, oder reagieren zumindest nicht befremdet, wenn ich während der Behandlung solche Themen anspreche. Durch das leichtere und wohl auch tiefere Entspannen können habe ich den Eindruck, dass meine eigentlichen Behandlungen effektiver durchgeführt und von den Patienten besser umgesetzt werden können, so dass die Behandlungsresultate noch erfolgreicher und anhaltender geworden sind als zuvor. Dies trifft zum Teil selbst auf Patienten zu, bei denen ich vor dem Aufstellen des Haussegens den Eindruck hatte, dass wir an einem Stillstand angekommen waren. Es macht auf jeden Fall jeden Morgen aufs Neue wieder Spaß, die Praxisräume zu betreten und schwungvoll mit der Arbeit zu beginnen. Ganz herzlichen Dank für den Haussegen und seine Wirkungskraft.

Hannelore H. - Erfahrungsbericht zum Haussegen

Ich muss dazu sagen, dass ich die Kristallkugel aus einem bestimmten Grund gekauft habe. Ich habe sie auch nicht für mich besorgt, sondern für meinen Lebensgefährten, der in seinem Haus großen Ärger mit den Mietern hat. Zu diesem Zeitpunkt hatte ich den Haussegen bestellt, um die negativen Energien zwischen den Parteien anzuheben.

Natürlich bin ich nicht so naiv, die Kristallkugel als Zaubermittelchen anzusehen, aber ich hatte mir doch einiges erhofft.

Nachdem ich die Kugel aufgestellt hatte - direkt unter dem Wohnzimmer der beiden Mietparteien - meldete der Mann sich plötzlich telefonisch bei mir und bat um ein Gespräch. Ich war natürlich hocherfreut und hoffte auf einen durch die Kugel ausgelösten Erfolg.

Was die positiven Seiten der Energiestrahlung angeht, so scheint es, dass meine Augen beim Fernsehen nicht mehr so leicht ermüden und mein Lebensgefährte die Angelegenheit mit den Mietern relativ gelassen sieht und sich einen guten Ausgang verspricht. Also hat es doch etwas gebracht.

Anita K. - Erfahrungsbericht zum Haussegen

Bevor ich meine Eindrücke schildere, muss ich kurz erläutern, dass in unserer Wohnung bereits gute und geklärte Energien vorhanden sind. Das liegt daran, dass ich innerhalb der Wohnung meine Praxis als spirituelle Heilerin und Medium für Mandalas habe. In diesen Räumen befinden sich bereits kraftvolle und ruhige Energien, die sich allmählich auf die gesamte Wohnung ausdehnen. Auch habe ich festgestellt, dass Blockaden, die die Menschen bei mir losgelassen haben, von meinen himmlischen Helfern sofort entsorgt werden. Seelen, die losgelöst wurden, gehen sofort ins Licht und bleiben nicht bei uns in der Wohnung haften. Also ist hier schon ein Reinigungsmechanismus vorhanden, auf den ich mich immer zu hundert Prozent verlasse.

Mir fällt auf, dass ich am liebsten Tai Chi in meinem Meditationsraum ausübe. Lieber staple ich jedes Mal die Stühle übereinander, um mir Platz zu schaffen, als auf dieses Erlebnis des Energiespürens zu verzichten.

Als einen der Gründe, warum ich mir den Haussegen in die Wohnung geholt habe, kann in diesem Zusammenhang die Wirkung auf das gesamte Haus, also auch auf die Etagen unter und über uns gelten. Unter uns herrschen sehr dicke Luft und dichte Energien, was mir meine Kundschaft schon sagte: Sie hätten Mühe, durch die Haustüre zu kommen. „Doch beim Hinaufgehen wird die Energie immer leichter und angenehmer“, meinten sie. Ich kann die Menschen nicht ändern, die unter uns wohnen. Vielleicht verhilft der Haussegen ihnen zu mehr Leichtigkeit. Da dies jedoch im Zusammenhang mit dem freien Willen der Personen steht, bin ich gespannt, wie es weitergeht.

Seit einiger Zeit haben wir bereits die Urteilchen-Produkte zur Entstörung von geopathischen Störfeldern. Daher kann ich diesbezüglich keinen Unterschied zum Haussegen feststellen.

Die Lieferung erfolgte am 24. 11. 2005. Während ich die Kugel auspacke, spüre ich eine starke Energieabstrahlung und eine Wärme. Es ist, wie wenn etwas in der Luft liegt. Ein neues Energiefeld wird installiert, welches sehr hoch schwingt und wie ein Knistern in der Luft zu vernehmen ist.

24. 12. 2005: Eine neue Energie durchströmt das Wohnzimmer. Sie fühlt sich prickelnd und klärend und sehr rein an.

Gäste, die bei uns zu Besuch sind, haben Mühe, wieder zu gehen. Sie sagen zwar, dass sie jetzt aufbrechen, doch kommen sie nicht weit. Sie bleiben im Flur stehen und kriegen die Jacken nicht an. Wenn sie diese dann endlich angezogen haben, haben sie Mühe, die Wohnungstüre zu öffnen. Sie kleben regelrecht fest und müssen fast geschoben werden, was sehr unhöflich wäre.

02. 01. 06: Beim Üben von Tai Chi schiebe ich heiße Luft hin und her und bewege mich in einem Energiefeld. Die Handflächen pulsieren und ich spüre, wie die Energien fließen und die Aura sich bewegt und schwingt. Hier ist deutlich mehr zu spüren als vorher.

Als Medium bat ich meine geistige Führung im Licht um weitere Informationen über die Wirkungsweise dieser Kugel, die Herr Weigerstorfer hergestellt hat, und bekam folgende Aussagen:

- Schwingung der Liebe – eine Woge breitet sich aus und überflutet die Umgebung.
- wellenförmige Energien, die wegspüren, was gelöst werden darf. Dies geschieht in Schüben und Stück für Stück, ohne uns dabei zu überrollen (wie die Gezeiten)
- die Schwingung passt sich uns an, sodass wir nicht überfordert werden
- diese Schwingung spielt mit uns, ohne uns zu manipulieren
- es ist wie ein göttliches Summen, welches zu hören ist
- ich nehme auch den Wind wahr, der beim Transformieren in Aktion ist
- die Kugelform steht für unsere Planeten (Erde, Sonne und Mond)
- es ist ein Zusammenspiel der Kräfte innerhalb des Systems

Der Haussegen will uns im Aufstiegsprozess helfen. Dabei löst er Altes ab und ermöglicht uns, uns in Neues und Unbekanntes hinein zu wagen.

Gleichzeitig vollzieht sich dieser Prozess auch in der Erde und ebenso im Kosmos. Wir dürfen uns in Gelassenheit den Energien hingeben und darauf vertrauen, dass alles geschieht, was geschehen darf. Keiner wird überfordert oder gar gegen seinen Willen manipuliert.

Franz P. - Erfahrungsbericht zum Haussegen

Wir fühlen uns ausgesprochen wohl in unserer Wohnung. Wasseradern und Elektrosmog werden mit Rute und Pendel nicht mehr angezeigt. Es herrscht eine ruhige und friedliche Atmosphäre, die schon wegen der Urteilchen-Produkte gut war, sich aber durch den Haussegen noch wesentlich verbessert hat. Dies wird auch von Besuchern bestätigt. Bei gesundheitlichen Problemen werden wir schnell auf den Weg der Besserung geführt. Wir sind täglich von Herzen dem Herrgott, allen inneren Engeln und guten Geistern dankbar, dass sie uns zu all diesen Produkten geführt haben.

Carola A. - Erfahrungsbericht zum Haussegen

Ich habe den Haussegen am 13. Januar aufgestellt. Sofort habe ich ein wohliges, sehr angenehmes, fast liebevolles Kribbeln am ganzen Körper gespürt. Mir wurde sehr warm und ich hatte richtig rote Wangen bekommen. Dieses starke Gefühl ließ nach einigen Stunden nach. Seit dem Tag ist mir einiges aufgefallen:

1. Wenn wir Besuch bekommen und dieser vielleicht in Eile ist, wird er immer ruhiger, bleibt einfach sitzen und merkt gar nicht, wie die Zeit vergangen ist. Viele Menschen in unserem Haus werden ganz ruhig und haben auf einmal viel Zeit.
2. Dieses gilt auch für mich und meine Familie. Manchmal scheint es, als wenn die Zeit stehen bleiben würde.
3. Es ist ein wunderschönes Gefühl, zu Hause zu sein und es ist dann wirklich wie ein Auftanken.
4. Ich spüre den Haussegen allerdings auf der Etage auf der er steht mehr. In der unteren Etage ist das Gefühl nicht mehr so kraftvoll.
5. Ich arbeite zu Hause mit Energie, Blütenessenzen und Massagen. Die Klienten lassen sich viel mehr gehen, sind empfänglicher und gleiten viel häufiger in den meditativen Zustand.

6. Allerdings - oder zum Segen: Streitigkeiten in der Familie knallen schneller und stärker. Es können unterdrückte, negative Gefühle nicht mehr zwischen uns stehen, sondern müssen geklärt werden. Das ist erstmal gewöhnungsbedürftig. Ich habe stark das Gefühl, dass alles, was die Liebe stört, aufgelöst werden muss.

Meine Beurteilung: Der Haussegen ist wirklich ein Segen für das Haus. Er führt uns zu Harmonie und Liebe. Löst alte, negative Muster auf, lässt die Zeit langsamer vergehen und das Entspannen geht schneller und tiefer. Danke für den wunderbaren Segen.

Renate S. - Erfahrungsbericht zum Haussegen

Als wir unseren Haussegen im Dezember 2005 mit der Post bekamen, suchte ich für ihn einen passenden, zentralen Platz im Haus. Sollte er doch sowohl im privaten, als auch im geschäftlichen Bereich meiner Kosmetikpraxis seine fein schwingende Urteilchenenergie ausstrahlen. Es war spannend!

Die violette Kugel fand ihren Platz im Flur auf einem Schrank. Dort konnte sie uns und alle Menschen, die in unser Haus kamen, energetisieren. Zunächst bemerkten wir gar nichts - ich hatte auch niemandem von der Kugel erzählt. Meinem Mann fiel dann irgendwann auf, dass unser Sohn, der, wie junge Leute eben so sind, manchmal ziemlich schnodderig ist und lange Abende vor dem Computer verbringend, plötzlich netter, ruhiger wurde und auch zeitiger zu Bett ging. Unsere Tochter, die sich vor Klausuren oft so aufregt hatte, dass sie nächtelang nicht schlafen konnte, geht es jetzt auch besser und sie ist wesentlich ruhiger geworden. Unsere Haustiere – ein Hund und fünf Katzen – haben schon sehr deutlich auf die Urteilchen-Transformation reagiert. Unser Hund schläft seit der Platzierung der Kugel vor dem Schrank im Flur, auf dem wir die Kugel gestellt haben. Vor einiger Zeit ist uns ein wilder, junger Kater zugelaufen. Er lies sich nicht anfassen und fauchte nur. Wir fütterten ihn dann draußen und, nachdem wir den Haussegen aufgestellt hatten, kam er plötzlich durch die offene Haustür hereinspaziert, suchte sich ein Plätzchen im Wohnzimmer aus und lebt seitdem mit uns im Haus. Er lässt Berührungen noch nicht zu, aber er faucht auch nicht mehr, dafür „spricht“ (eigentlich: miaut) er ständig mit uns.

Patricia B. - Erfahrungsbericht zum Haussegen

Als ich am 08. 12. 2005 den Urteilchen-Haussegen auspackte, wurde ich ganz tief in meinem Herzen berührt. Beim Hineinsehen in die Kugel war mir, als wenn sich mein Blick weitet und ich in das Weltall mit seinen vielen, vielen Sternen blickte. Seitdem habe ich das Gefühl, als ob Krankheiten schneller ausbrechen und aber auch heilen, (so z. B. heftiges Kopfschmerzen, Migräne und Erkältungen - gerade jetzt im Winter). Auch unterschwellige Konflikte bekomme ich schneller mit, kann die Ursache in mir klar erkennen und habe dadurch Entscheidungsfreiheit. Ich fühle mich nicht von meinen Mustern gesteuert, sondern erkenne sie im Vorfeld. Mein Mann (ein absoluter Skeptiker) möchte ganz am liebsten das Haus kaufen, in dem wir momentan zur Miete wohnen, weil er sich hier so wohl fühlt. Dies hat seiner Meinung nach aber nichts mit dem Haussegen zu tun. Jedoch hatte er vor dem Einzug des Haussegens diese Gedanken noch gar nicht! Die Hoffnung, dass unser Baby (jetzt neun Monate alt) besser durchschläft, hat sich leider nicht erfüllt, aber ist vielleicht auch noch nicht an der Zeit.

In der Zwischenzeit ist der Urteilchen-Haussegen fast drei Monate bei uns und er ist mir ein lieber Begleiter. Ich kann nicht sagen, dass sich ganz enorm und deutlich etwas verändert hätte, - eher ganz sanft. Ich fühle mich einfach gut behütet. Es herrscht eine klare, liebevolle Atmosphäre bei uns und Gäste fühlen sich sehr wohl in unserem Haus. Manchmal glaube ich, kleine Wesen um die Kugel tanzen zu sehen. Auf jeden Fall zaubert sich immer ein Lächeln auf mein Gesicht, wenn ich den Haussegen bewusst wahrnehme.

Doris G. - Erfahrungsbericht zum Haussegen

Durch meine Haussegen-Kugel - ich nenne sie jetzt ‚Kugel der Wahrheit' - bin ich unaufhaltsam in einen Umdenkprozess geraten. Ich habe mir vor Jahren, als ich am Tiefpunkt angelangt war, einen Orgonstrahler gekauft und für mich einen Weg gefunden. Ich glaube, dass die behagliche Atmosphäre, die Harmonie und die Ruhe der Haussegen-Kugel bewirkt hat, was dazu geführt hat, dass ich disharmonischen Energien, die von manch anderen Menschen ausgehen, nicht mehr ertragen kann. Ich liebe den Frieden, der nun in meinem Haus herrscht. Mein Sohn hat immer Probleme in der Schule gehabt, weil ihm andere Dinge wichtiger waren. Plötzlich hat er Interesse an der Schule und er ist in diesem Schuljahr, ohne dass ich irgendwas mit ihm gemacht oder gelernt hätte, in jedem Fach um eine Notenstufe besser geworden. Darauf ist er sehr stolz. Seine Ausgeglichenheit wirkt sehr wohltuend. Meine Tochter ist auch viel entspannter: Sie nimmt alles nicht mehr so ernst und stressbedingte Magen-Darmprobleme haben sie schon lange nicht mehr gequält. Bis jetzt sind wir auch erkältungsmäßig stabiler und sind gut über den Winter gekommen. Ich bin dankbar über meine Urteilchen-Haussegen Kugel und würde sie nicht mehr hergeben.

Thomas B. - Erfahrungsbericht zum Haussegen

Ich habe zwei Stück gekauft; einen für die Praxis und einen für zuhause. In meiner Praxis führe ich hauptsächlich osteopathische Behandlungen und Massagen durch. Ich habe den Urteilchen-Haussegen direkt nach meinem Weihnachtsurlaub aufgestellt und fühlte mich anfangs etwas frischer. Ansonsten sind mir persönlich keine großen Veränderungen aufgefallen; - ich habe allerdings in der letzten Zeit keine energetischen Arbeiten durchgeführt und bin zurzeit auch nicht so feinfühlig.

Nachdem ich den Urteilchen-Haussegen zuhause aufgestellt hatte, kam es zu sehr starken Reaktionen bei meiner Tochter. Im Verlauf der letzten zwei Monate hat sich ihr Verhalten deutlich verbessert und die familiäre Situation entspannte sich spürbar.

Marianne D.-G. - Erfahrungsbericht zum Haussegen

Ich habe zugesagt, eine Beurteilung für den Urteilchen-Haussegen abzugeben. Es fällt mir aber unheimlich schwer, weil ich gar nicht so recht sagen kann, was sich seitdem verändert hat bzw. welche Veränderungen auf den Haussegen zurückzuführen sind. Testpersonen sind meine beiden Kinder (zehn Jahre und dreizehn Jahre) und ich. Außerdem habe ich extra die Kugel für zwei Wochen an einen Freund verliehen, um den Unterschied - mit oder ohne die Kugel - festzustellen. Mein Freund hat mir leider keine Bewertung geben können. Er hat versucht, den Haussegen in der Hand zu halten und die Energie zu spüren, konnte aber keine Beziehung zu ihm aufbauen. Für uns war in den zwei Wochen kein spürbarer Unterschied da. Hält sich die Energie evtl. noch eine Weile, auch wenn die Kugel verliehen ist? Wir haben den Haussegen am 27. 12. 2005 erhalten.

1) Schlaf: Auffällig war, dass wir seitdem mehr geträumt haben bzw. uns aufgefallen ist, dass wir überhaupt etwas träumen, auch wenn wir uns die Träume nicht merken konnten. Es sind keine Alpträume; einfach nur intensive Träume. Inzwischen hat das bei mir nachgelassen. Mir kommt es auch so vor, als ob wir nachts mehr wach sind (häufiger aufwachen). Die Kinder sagen, dass sie

schlechter einschlafen. Dafür können sie am Wochenende dann länger schlafen, was vorher nicht der Fall war. Sie sind da immer wie gewohnt aufgestanden, während sie jetzt auch mal ausschlafen können. Diese Symptome scheinen unmittelbar mit dem Haussegen in Verbindung zu stehen. Alles andere sind eher Vermutungen oder zufällige Ereignisse, aber ich zähle sie trotzdem hier auf.

2) Kann die Kugel evtl. das verstärken, was sowieso schon anliegt? Mein ältester Sohn hatte schon lange keinen Husten mehr, aber am 30. 12. fing es an. Außerdem fragt er uns seitdem, was der Sinn des Lebens sei. Es sind wohl Vorzeichen der Pubertät - aber es erschreckt uns schon sehr, dass er nichts mehr lebens- und liebenswert findet - zumindest abends, wenn er ins Bett soll. Er ist in einer persönlichen Krise, den Sinn seines Lebens zu finden.

3) Ich setze Aura Soma und Lichtwesenessenzen ein. Ob diese besser gewirkt haben, kann ich gar nicht so genau sagen, aber es haben sich seitdem schon Veränderungen bei mir ergeben. Ich habe eine Atlasprofilaxe gemacht, die mir zusätzliche Energie gegeben hat (seitdem habe ich Dinge, die ich vor mir her geschoben habe, endlich erledigt) und ich erhoffe mir eine langfristige Besserung meiner Skoliose. Außerdem habe ich die Fastenkur, die ich seit einem halben Jahr machen wollte, endlich angefangen, um zu entschlacken.

4) Es könnte auch sein, dass ich meine Kristalle nicht mehr so häufig entstören muss, seitdem wir den Haussegen haben. Ich denke schon, dass der Haussegen bei uns wirkt.

Johann H. - Erfahrungsbericht zum Haussegen

Den Haussegen habe ich für eine ältere Kundin von mir erworben. Sie wohnt in einem Wohnblock in München, umgeben von DECT-Telefonen. Sie ist auch hoch E-Smog empfindlich und war vor etlichen Wochen körperlich und seelisch am Ende.

Eine mentale Entstörung mit diversen Zeichen verbunden, brachte bereits eine signifikante Verbesserung der Situation. Eine mentale Abfrage hat ergeben, dass der Haussegen für Sie noch hilfreich wäre. Ich arbeite schon sehr lange mit feinstofflichen Energien. Bei mir Zuhause ist er nach meiner Abfrage nicht notwendig, aber auch nicht störend, er wäre kompatibel. Am 12. 12. 05 habe ich den Haussegen erhalten, aus Zeitmangel erst mal nur kurz abgespürt, wie sich die Energie anfühlt. Erzeugt sofort Kribbeln im

Arm und geht hoch zum Kopf – Scheitel-Chakra öffnet sich. Fühlt sich ähnlich an wie Amethyst. Dann einfach in der Verpackung in der Küche stehen gelassen. Nach ein paar Tagen sind meine Frau und ich nachts manchmal wach geworden. Ich spürte eine hoch schwingende Energie, ähnlich wie ich sie bei eigenen Tests auch schon mal hatte, aber wesentlich schwächer. Am 18. 12. 05 aus der Verpackung genommen und genauer ausgetestet: Sozusagen mental in Betrieb genommen, volle Leistung wurde nach zehn Minuten erreicht, die Wirkung scheint durch Licht (Sonne) aktiviert zu werden.

Wirkungsradius geht genau bis zur Außenwand zum Nachbarn hin. Bei einer Aufstellung im Wintergarten (andere Hausseite)mit Verbindung zum Haus meiner Tochter, würde der Wirkungsradius für beide Häuser nicht ausreichen, eine Verstärkung mit Kristallen etc. wäre möglich. Hauptwirkung vor allem im mentalen Bereich.

Bereits vorhandene Elemente (z. B. aktiver Steinkreis im Garten) sind stärker. Die gemuteten sehr hohen zwei Millionen Bovis-Einheiten liegen durchaus schon in dem Bereich in dem ich auch Engel, oder höhergestellte Naturwesen wahrnehme. Zum weiteren Testen der Wirkung in etwa zentral im Flur aufgestellt. In den folgenden Tagen habe ich im ganzen Haus eine energetisch klärende feine Schwingung wahrgenommen, wie sie auch z. B. bei Räucherungen auftritt. Von Menschen erzeugte schlechte, ungute Schwingungen oder Wesenheiten werden transformiert und es entsteht eine klare feine Schwingung.

Meine Frau konnte die ersten paar Nächte sehr schlecht schlafen. Im Wohnzimmer hat sie im Fensterbereich öfters Wesenheiten wahrgenommen, die Sie aber nicht genau zuordnen konnte. Von den anderen Mitbewohnern des Hauses (Tochter, Schwiegersohn und Enkel), die von der Aufstellung nichts wussten, wurde die Veränderung bewusst nicht wahrgenommen.

Am 27. 12. 05 habe ich die Kugel wieder eingepackt und zu ihrem Bestimmungsort nach München gebracht. Sie wurde wieder in etwa zentral in der Wohnung im Flur auf einem kleinen Kästchen aufgestellt. Erst war für mich keine Wirkung spürbar, aber nach einer Stunde war die sehr hohe (gemessene) Belastung durch DECT-Telefone aus den Nachbarwohnungen für mich energetisch kompensiert und wurden nicht mehr als störend empfunden.

Heute am 2. Februar 2006 erhielt ich einen Anruf von meiner Kundin aus München: Sie ist mit der Wirkung des Haussegens sehr zufrieden, es geht Ihr gesundheitlich wieder besser und sie möchte noch einen zweiten bestellen.

Christa M. - Erfahrungsbericht zum Haussegen

Heute möchte ich einen kurzen Erfahrungsbericht über die Urteilchen-Haussegen Glaskugel abgeben. Seit der ersten Dezemberwoche steht die Kugel auf meinem Schreibtisch in der Praxis. Die erste Woche habe ich wenig darauf geachtet und habe es einfach nur hingenommen, dass sie da ist. Nach zwei Wochen, ist mir ganz deutlich aufgefallen, dass einige Patienten, die früher oftmals sehr stark emotional und aggressiv in ihren Gesprächen waren, plötzlich viel ruhiger blieben: Die Gespräche waren produktiver und weniger von Hass und Wut begleitet. Auch die Atmosphäre des Raumes hatte sich noch positiver verändert.

Selbst ich spüre täglich noch mehr Ausdauer und Konzentration für meine Arbeit. In den letzten sechs Wochen ist es zu keiner Minute passiert - selbst wenn ich sieben Stunden durchgearbeitet habe (bin bereits 68 Jahre), dass meine Gedanken woanders als bei dem Patienten waren. Ich bin u. a. auch HUNA-Lehrerin. Ich habe die Kugel ein wenig programmiert und sollte ich einmal etwas müde und unkonzentriert sein, fasse ich einfach mit der Hand auf die Kugel und ‚schwups' bin ich wieder frisch. Ich möchte keine Doktorarbeit darüber machen, aber ich habe festgestellt, dass ich weniger Zeit und Energie brauche, wenn ich meine täglichen Reinigungszeremonien im Raum mache. Es ist fast so, als würden sich die negativen Schwingungen der Menschen nicht mehr so stark anhaften. Kurzum, ich kann sagen, die Urteilchen-Haussegen Kugel ist für mich sehr positiv und sicher auch für viele andere Menschen, die damit arbeiten. Ich bin Euch dankbar, denn ich spare mir dadurch viel Kraft, welche ich nun gut für andere Zwecke einsetzen kann.

Ingrid Sch. - Erfahrungsbericht zum Haussegen

Ich muss feststellen, in unser Haus ist eine Ruhe eingekehrt, nachdem ich den Haussegen aufgestellt habe. Wir können uns jetzt weiterentwickeln. Wir haben viel mehr Kraft, große Prüfungen zu bestehen.

Leider kann ich diese Schwingung nicht so gut in Worte fassen. Was mir auch aufgefallen ist, bemerken viele Kunden schon, wenn sie zur Tür reinkommen: Hier herrscht eine andere Energie. Unseren Haussegen könnte ich mir nicht mehr wegdenken, vielen Dank!

Gerlinde K. - Erfahrungsbericht zum Haussegen

Seit wir den Urteilchen-Haussegen in unserem Haus vor zwei Monaten aufgestellt haben, können wir berichten, dass in unserem Hause eine angenehmere Atmosphäre herrscht. Mein Mann sagt auch, dass bei Gesprächen innerhalb der Familie alles viel lockerer abläuft und keiner mehr irgendwelche Aggressivitäten in sich hat, auch wenn viel Stress zu bewältigen war. Gesundheitlich geht es uns auch besser.

Ulrich M. - Erfahrungsbericht zum Haussegen

Als der Haussegen ankam, verspürte ich große Freude und nahm freudiges Herzklopfen und die Empfindung der Liebe wahr. Während der drei Monate, in denen der Haussegen hier im Haus ist, habe ich folgendes bemerkt: Meine Verdauung hat sich verändert. Der Stuhl ist weicher geworden. Schmerzen im Wirbelsäulenbereich sind zeitweise recht stark aufgetreten. Während meiner Meditationen habe ich vermehrt die Farbe blau gesehen; vorher nahm ich sehr oft die Farbe grün wahr. Die Zimmertemperatur hat sich um ein bis zwei Grad erhöht. Mehrere gefährliche Situationen in der im Hause liegenden Werkstatt sind ohne jegliche Schäden abgelaufen.

Die Stimmung im Haus ist friedvoll und harmonisch, was allerdings auch schon vorher eher der Fall war.

Danke für den Haussegen.

Hildegard B. - Erfahrungsbericht zum Haussegen

Weil ich nach dessen Eintreffen nicht sofort Zeit für den neuen Urteilchen-Haussegen hatte, erhielt er einen geschützten Platz in einer Glasvitrine. Zunächst fiel mir nichts Besonderes auf. Nach einem Monat nahm ich den Urteilchen-Haussegen in die Hand. Ich spürte wie er recht schnell warm wurde und meine Hand zu kribbeln anfing. Nach einer kurzen Einstimmungszeit spürte ich eine ziemlich starke, rechtsdrehende Energie, die sich schnell weiter steigerte. Jedenfalls konnte ich nach dieser Übung nicht einschlafen, so sehr klopfte mein Herz. Deswegen wiederholte ich die Übung mehrmals, wobei ich den Haussegen an verschiedenen Stellen des Hauses aufstellte. Ich stellte fest, dass sich das Klima im Büro wesentlich verbesserte, wenn der Haussegen vor dem Computer stand. Meine Energie nahm zu, wenn ich mich mit dem Haussegen beschäftigte. Mittlerweile glaube ich, dass er diese Zuwendung braucht, genauso wie ein Lebewesen. Allgemein bringt der Haussegen eine wohltuende Ruhe in unsere Räume. Wir, die wir hier leben, empfinden uns schon ausgeglichener als zuvor.

Mittlerweile bin ich fest davon überzeugt, dass der Urteilchen-Haussegen eine sehr positive Wirkung zeigt, vorausgesetzt, ich beschäftige mich damit. Wie alles braucht auch er eine liebevolle Pflege. Empfehlen kann ich außerdem, den Urteilchen-Haussegen auf dem Hausaltar (sofern vorhanden) aufzustellen. So wird man regelmäßig daran erinnert, dass sich alles zum Positiven verändert und man kann die Entwicklung bewusst beobachten. Deshalb ist es auch von Vorteil, einen Erfahrungsbericht über längere Zeit zu schreiben. Entwicklung braucht eben ihre Zeit.

Jörg M. - Erfahrungsbericht zum Haussegen

Der Haussegen steht nun ziemlich zentral in unserer Wohnung. Wir leben hier zu viert, ich 42 Jahre, meine Frau 44, mein Sohn 19, meine Tochter 14. Im Untergeschoss wohnen meine Eltern, 63 und 68. Diese Personen sind nicht informiert.

Ich habe sofort eine Reaktion im Brustbereich (Herz und Thymusdrüse) gespürt. Ein Gefühl, wie freudige Erwartung, kam auf. Ich habe in der ersten Nacht schlecht geschlafen, fühlte mich erschlagen. Dies hat sich circa dreißig Minuten nach dem Aufstehen deutlich gebessert. Nach der Rückkehr von der Arbeit, hatte ich ein gutes Gefühl, zu Hause zu sein. Am nächsten Tag spürte ich wieder ein leichtes Ziehen in der Brust und ganz wenig Kopfdrücken, aber ich hatte dennoch gute Laune. Ein gestörtes Verhältnis zu einem Familienmitglied hat sich deutlich entspannt. Alle vorherigen Gesprächsversuche scheiterten. Mittlerweile ist die Beziehung fast wieder so gut, wie gewohnt.

Insgesamt habe ich bessere Laune und das Gefühl, stärker und bewusster zu sein, sowie meine Ansichten besser zu vertreten. Der Haussegen unterstützt meinen Veränderungsprozess!

Hedwig M.-P. - Erfahrungsbericht zum Haussegen

Wenn es mir um wichtige Dinge geht, hole ich mir immer eine Bestätigung über das Pendel. So habe ich schon vor der Bestellung gependelt. Wie ich die Kugel bekam, habe ich als erstes meine Hände in einem kleinen

Abstand darunter gehalten. Es war enorm, was ich für eine Energie spürte und das Pendel hat mir zusätzlich nochmals Bestätigung gegeben. Ich freue mich, dass ich in meiner Mietwohnung auch anderen Hausbewohnern diesen Segen zukommen lassen kann.

Ingrid Sch. - Erfahrungsbericht zum Haussegen

Als das Päckchen mit der Kugel in noch verschlossenem Zustand zu meinen Füßen stand, verspürte ich eine sanfte, wärmende Liebesenergie. Nehme ich die Kugel in die Hand, verstärken sich die Energieströme im Kopf (Scheitel und Stirn). Außerdem hatte ich Träume, die mich auf vergangene Erlebnisse hinwiesen, wobei ich sie wegen der Banalität vergessen hatte. Ich hatte den Eindruck, dass da noch Energieblockaden aufzulösen waren.

Irmgard W. - Erfahrungsbericht zum Haussegen

Ich habe das Gefühl, dass ich inzwischen noch mehr in meiner inneren Mitte angekommen bin, d. h. ich bin noch ruhiger, gelassener und gelöster geworden. Auch auf meine Nachtruhe scheint sich der Urteilchen-Haussegen positiv auszuwirken: Mein Nachtschlaf ist tiefer und erholsamer geworden.

Ob dies wohl mit einer möglichen Neutralisierung der Störfelder, wie z. B. Elektrosmog zusammenhängt? Die sind ja in jeder Wohnung mehr oder weniger vorhanden. Von meinen regelmäßigen Besuchern wird mir berichtet, dass die Meditation in der Umgebung des Urteilchen-Haussegens besser gelingt.

Sabine Sch. - Erfahrungsbericht zum Haussegen

Ich habe von Ihrer Firma im Dezember den Urteilchen-Haussegen bezogen. Der Urteilchen-Haussegen ist ein großer Segen für jedes Haus und ich kann beim Haussegen Lena Lieblich nur zustimmen. Wie Sie ja schreiben, sind alle Urteilchen-Produkte von St. Germain gesegnet und somit ein großer Segen für das Wassermann-Zeitalter, der ja in der Hierarchie dieses Zeitalters ganz oben steht.

Birke H. - Erfahrungsbericht zum Haussegen

Im Januar erhielt ich das Paket von Ihnen. Ich stand wegen meines Berufs sehr unter Stress, hatte die Nächte davor nicht oder nur schlecht geschlafen und hätte am liebsten alles hingeworfen. Als ich die Kugel aus dem Karton nahm, traf es mich in das Herz-Chakra wie mit einem Strahl: Der tagelange Kampf löste sich augenblicklich.

Ich nahm die Kugel und ging damit zu meiner 16jährigen, schwerhörigen Katze, die auf der Heizung tief schlief. Sie erwachte, als ich in ihrer Nähe war, stand von der Heizung auf und legte sich direkt neben die Kugel. Ich legte mich auch daneben und wir beide schliefen zu dieser ungewöhnlichen Tageszeit so tief und behütet, wie selten.

Ich hatte bei diesem Schlaf einen luziden Traum, was lange nicht mehr geschehen war. Danach fühlte ich mich sehr erfrischt, obwohl der Schlaf kurz war. Der Druck des Stresses war total verschwunden. Ich fühle mich gut und voll Energie. Seither nehme ich die Kugel abends mit ins Schlafzimmer. Mein Schlaf hat sich dadurch verbessert und der meiner Katze auch.

Neben der Kugel stehen Pflanzen zum Überwintern. Es sind tropische Pflanzen, die ich immer nur schwer über den Winter brachte. Neben der Kugel scheinen sie besser zu überwintern: Sie machen keine Anstalten, eingehen zu wollen, wie in den letzten Jahren, sind gesund und nicht kränklich wie sonst. Ich selbst habe das Gefühl, dass es in meiner Wohnung sauberer geworden ist und die Reinigung negativer Kräfte hat sich auf ein Minimum reduziert. Das Dunkle meiner Mietwohnung ist vollständig gewichen. Ich fühle mich weit, freier und dank der Reinheit geborgener.

Gerda A. – Erfahrungsbericht zum Haussegen

Im Dezember 2005 bestellte ich bei Ihnen den Urteilchen Haussegen. Da ich auf diesen sehr gespannt war, konnte ich sein Eintreffen kaum erwarten.

Beim Auspacken selbst spürte ich nichts. Da ich aber wissen wollte, ob überhaupt – und wenn, wie stark die Ausstrahlung dieser Kugeln sei, hielt ich mein Pendel (Bergkristall) darüber.

Ich war sehr überrascht. Es schlug stark kreisend in Rechtsdrehung aus.

Die nächsten kreisenden Ausschläge waren so stark und weit ausholend, so dass, wenn ich das Pendel losgelassen hätte, dieser durch das Zimmer geflogen wäre!

Dies beeindruckte mich sehr. Ich stellte ihn, das heißt sie, dann im Wohnzimmer mitten auf den Tisch (Steintisch / Buntschiefer) und harrte der Dinge, die da kommen sollten. Es geschah aber nichts.

Eines jedoch stellte ich fest im Verlauf der Zeit, dass ich ruhiger wurde, nicht mehr so nervös und gestresst war!

Die vergangenen vier Jahre seit dem Tod meiner Schwester, dem notgedrungenem Hausverkauf, finanziell großem Verlust durch Betrüger beim Hauskauf, was alles nicht spurlos an mir vorbeiging!

Jetzt im Nachhinein musste ich feststellen, dass ein gewisser Frieden um mich herum und vor allem in mir selbst eingekehrt ist.

Nun stellte ich den Haussegen nachts an das Kopfende meines Bettes, seitlich davon das Urteilchen-Set (Kegel und Viereck-Pyramide).

Am Tage befinden sie sich wieder auf dem Steintisch im Wohnzimmer.

Ich habe das Gefühl, dass ich schneller einschlafen kann, obwohl ich circa zweimal nachts aufstehen muss. Vor der Testphase lag ich stundenlang wach, sodass ich seit fast vier Jahren kaum des Nachts Erholung fand.

Als ich den Bericht beendet hatte, hielt ich nochmals das Pendel über den Urteilchen Haussegen. Solange dieser darüber kreiste veränderte sich das kompakte Äußere der Kugel.

Ich sah wie in einen funkelnden, nachtblauen Sternenhimmel.

Plötzlich veränderte sich das Bild und mir war, als ob die Kugel mit einer dunklen, lila Flüssigkeit gefüllt sei. Es war wie die leicht vom Winde bewegte Oberfläche des Meeres und auf derselben tanzten kleine, weiße Lichtreflexe!

Beim Anblick durch die plötzlichen Veränderungen der Kugel, empfand ich eine große Freude und ein frohes Gefühl erfasste mich, welches noch lange anhielt!

Gerd K. - Erfahrungsbericht zum Haussegen

Unter meinem Haus verlaufen drei Wasseradern in verschiedenen Richtungen. Seit mehreren Jahren konsultiere ich mehrere Rutengänger, bzw. befasse ich mich selbst mit den vorhandenen Störfeldern. Auch habe ich viele Seminare, die sich mit diesem Problem befassen, besucht. Eine Abhilfe habe ich bisher nicht gefunden. Nachdem ich den Urteilchen-Haussegen aufgestellt hatte, war kein Störfeld mehr zu messen. Bei einem befreundeten Ehepaar waren beide Wohnzimmer mit Störfeldern belastet. Nach einer Probeaufstellung des Urteilchen-Haussegens war auch hier keine Belastung mehr messbar. Daraufhin habe ich den zweiten Urteilchen-Haussegen bestellt und schon erhalten.

Margit F.-Sch. - Erfahrungsbericht zum Haussegen

Ich habe von einer Bekannten Ihr Prospekt erhalten und der Urteilchen-Haussegen hat mich sofort stark angesprochen. Als ich dann las, dass Störungen durch Funkmasten und auch anderer Elektrosmog positiv beeinflusst würden, hat mich das bestärkt, den Urteilchen-Haussegen zu bestellen. Ich habe dann nachgependelt, ob er wichtig für mich wäre und ihn nach positiver Antwort bestellt. Nach Erhalt der Kugel hatte ich in der ersten Zeit den Eindruck, dass ich mich besser fühlte, aktiver war, dass ich konsequenter meine Übungen durchführen und Dinge besser ordnen konnte, sowie mich ausgeglichener fühlte. Ich bin überzeugt, dass der Urteilchen-Haussegen seinen Teil dazu beigetragen hat.

Regina Z. – Erfahrungsbericht zum Haussegen

Heute kam das Büchlein mit den Erfahrungsberichten zum Haussegen hier an – ganz herzlichen Dank dafür! Doch bevor ich einen ersten neugierigen Blick hinein werfe, möchte ich meinen eigenen Bericht noch an sie absenden!

Schon als ich das erste Mal in Ihrer Vertriebszeitschrift vom Haussegen las, durchfuhr es mich, als hätte ich mich gerade frisch verliebt: Es kribbelte mir am ganzen Körper und ich hätte vor Freude jauchzen und singen mögen.

Es war klar: Der Haussegen war für mich, bzw. für uns und für den Lebensraum in dem wunderschönen Häuschen in Alpennähe, das das Schicksal auf so wunderbare Weise nach der Geburt unseres Sohnes zu uns geführt hat.

Wie Sie wissen, hat sich die Auslieferung der zweiten Produktion sehr hinausgezögert. Das war jedoch insofern nicht schlimm, als ich von Anfang an, also vom ersten Gefühl des Verliebt-Seins über den Entschluss, einen Haussegen für uns zu erwerben, durch den ganzen Prozess des Wartens hindurch, den Eindruck hatte, an die Urteilchen-Energie angeschlossen zu sein! Das intensivierte sich so sehr, dass ich, einige Tage bevor er dann tatsächlich war, den Eindruck hatte, ihn nun gar nicht mehr zu brauchen! Als ich ihn dann in meinen Händen hielt, war ich allerdings zutiefst berührt über die unendliche Ruhe und Tiefe, die er ausstrahlte: Er war und ist in seiner Kraft und Präsenz so ganz anders, als ich es mir über mein Erleben aus der Ferne vorgestellt habe!

Jetzt steht er an dem Platz, der ihm von Anfang an zugedacht war: Eine zentrale Stelle im Hausflur, von der uns gesagt wurde, dass wir sie für unseren Hausgeist (es handelt sich dabei um eine Fee!) aussparen und gestalten sollen. Und nun, alle diese Erlebnisse aus dem Abstand betrachtend, ist mir der Zusammenhang auch klar: Nicht ich habe mir den Haussegen so sehr gewünscht, nicht ich habe mich schon beim ersten Davon-Hören in ihn verliebt, sondern unsere Fee hat ihren Menschen – in diesem Fall ich – ihre Gefühle der freudigen Erregung vermittelt, do dass ich gar nicht anders konnte!

Ich bin sehr gespannt, welche Perspektiven des Zusammenwirkens und der Kommunikation sich aus dieser Situation noch entwickeln können!

Übrigens haben sich gerade in Verbindung mit dem Haussegen mittlerweile schon sehr tiefe Gespräche mit meinem Mann ergeben, in denen wir alte Schichten und Verkrustungen berühren konnten, von denen wir bisher immer nur glaubten, sie durch Angriff und Verteidigung schützen zu müssen.

Jetzt bleibt mir nur noch Ihnen allen „Danke" zu sagen für Ihre Arbeit, auch für die Idee dieses Erfahrungsaustausches: Wieder eine Möglichkeit, Menschen einander auf eine ganz neue Art nahe zu bringen!

Ulrike G. - Erfahrungsbericht zum Haussegen

Wie vereinbart erhalten Sie den Erfahrungsbericht über den Urteilchen Haussegen. Ich habe diesen meiner Tochter geschenkt, die in einer logopädischen Praxis arbeitet.

Hier der Bericht meiner Tochter:

Der Urteilchen-Haussegen steht in meinem Therapiezimmer einer logopädischen Praxis.

Ich habe ihn relativ unauffällig auf dem Schreibtisch neben der PC Tastatur platziert.

Meine eigentliche logopädische Arbeit vorwiegend mit Kindern im Alter zwischen drei und zehn Jahren findet an einem anderen, kleineren Tisch am anderen Ende des Zimmers statt.

Aufgefallen ist der Urteilchen Haussegen jedoch längst nicht allen kleinen Patienten. Die Kinder, die mich darauf ansprachen, sind sehr sprachauffällige Kinder, die für meine Begriffe auch sehr sensible Kinder sind.

Die meistgestellte Frage ist, ob dies eine Zauberkugel sei. Von allen Kindern haben nur drei Kinder den Haussegen berührt bzw. wollten ihn in die Hand nehmen (es sind über vierzig Kinder). Alle anderen Kinder hatten eine Ehrfurcht und großen Respekt beim Anblick dieser Kugel.

Während der letzten Wochen nun sind die meisten Kinder trotz gesundheitlicher Einschränkungen (Husten, Schnupfen, Erkältung) während der Therapiestunde besonders locker und gelöst.

Hinzu kommt, dass sehr viele Kinder auffallend viel lachen und das höchst unbeschwert – und meist verbunden mit einem Glucksen, das fast immer bei einer Runde Lachen, beim Kind und mir geendet hat. Dieses Verhalten kommt zwar bei Kindern immer wieder vor, jedoch war es in der letzten Zeit gehäuft, was immer wieder sehr viel Spaß und Freude bereitet hat. Gespräche mit Müttern verlaufen, während der Haussegen im Raum steht, trotz schwieriger, persönlicher Inhalte harmonisch und sehr offen. Ich selbst habe seitdem vermehrt das Gefühl, nicht alleine mit den Kindern zu sein. Es scheint, als seinen viele Engel und Helfer anwesend. Dies wirkt sich auch äußerst positiv auf die Fortschritte in der Therapie aus. So haben einige Kinder beispielsweise einen Laut schneller (als auch die Erfahrungen erwarten lässst) bzw. haben sich mehr zugetraut.

Insgesamt bleibt mir zu sagen, dass seit dem Aufstellen des Haussegens stets gute Stimmung herrscht und gut gelaunte Kinder und Eltern in meinem Zimmer ein- und ausgehen.

Ghiba M. - Erfahrungsbericht zum Haussegen

Ich möchte jetzt, obwohl wir den Haussegen noch nicht so lange in unserem Kindergarten haben, einen kleinen Bericht dazu abgeben.

Unsere Einrichtung, drei Gruppen mit je 25 bis 27 Kindern, fünfzig Prozent Ausländeranteil, ist im Basement einer Grundschule. Der Flur ist wie in einer Schule sehr lang (circa dreißig bis vierzig Meter), wie ein Schlauch, die Gruppenräume liegen jeweils hintereinander.

Wir arbeiten mit offener Kiga-Arbeit, das heißt dass jeder Raum zu einem Funktionsraum eingerichtet wurde (Kreativraum, Theaterraum, Leiseraum, Sinnesraum etc.). Die Kinder haben zwar ihre Stammgruppe, dürfen sich aber in der Zeit von 10:15 bis 11:30 Uhr frei im Kindergarten bewegen und sich ihr Spiel und ihre Spielpartner frei aussuchen.

Ich beschäftige mich schon viele Jahre mit Energiearbeit, Meditation und Massage und darf diese Dinge mit in den Kindergarten als „Entspannungsfrau“ einbringen. Als ich den Brief mit den Urteilchen Haus- und Gartensegen erhalten hatte, habe ich mir gedacht, dass der Kindergarten doch genau der richtige Ort ist, um zu testen, wie kleine Menschen auf diese reagieren.

Vor circa drei Wochen (Mitte Mai) habe ich den Haussegen erhalten und ihn am nächsten Tag direkt mit in den Kindergarten genommen. Die Kinder haben natürlich sofort gefragt, was ich da für eine schöne, lila Kugel habe. Ich habe ihnen erklärt, dass diese Kugel ihren Schutzengeln bei der Arbeit hilft. Wir haben die Kugel auf die Fensterbank gestellt. Manchmal scheint die Sonne darauf und die Farbe ist noch intensiver.

Am Anfang war es so, wie in einem Ameisenhaufen: Wenn man mit einem kleinen Stock vorsichtig hinein sticht, laufen alle Ameisen durcheinander. Es war schrecklich hektisch und sehr viel Bewegung in allen Kindern, - wie bei einer homöopathischen Gabe die Erstverschlimmerung: Es war für uns Erwachsene kaum auszuhalten.

Jetzt, drei Wochen später, sieht es schon anders aus. In Kleingruppen mit zehn bis fünfzehn Kindern kann man super arbeiten. Die Kinder sind viel ruhiger, konzentrierter, ja ich würde fast schon sagen gelassener.

Selbst die sonst so auffälligen Kinder sind viel ruhiger geworden. Wir merken, dass diese Kinder sich viel wohler fühlen mit sich selber.

Ich habe meinen Kolleginnen nicht erklärt, was der Haussegen alles kann, oder wozu er fähig ist. Sie sind alle unvoreingenommen: Sie haben mir lediglich mitgeteilt, dass sie die ersten drei Tage als unangenehm und beklemmend empfunden haben, so als ob ihnen etwas auf der Brust liegt, jedoch nach den drei Tagen viel ruhiger wurden und mehr konzentriert und gelassener im Umgang mit den Kindern.

Elternprobleme wurden direkter angesprochen und nicht wie sonst erst mal eine Zeit gewartet, bis wir sie ansprechen.

Ich wünsche mir, dass der Haussegen seine Arbeit weiter so verrichtet. Vielleicht hilft er den Kindern ja auch noch dabei, leiser zu werden. Denn obwohl soviel Veränderung in der kurzen Zeit eingetroffen ist, hat dies leider an der Lautstärke noch nicht viel verändert.

Ich denke mir, dass es sehr viele Wesen sind, die hier aufeinander treffen und dass es noch ein wenig dauert, bis alle gereinigt sind.

Ich bin sehr froh darüber, dass Sie uns den Haussegen gespendet haben. So vielen Menschen kann auf einmal geholfen werden. Eine ganz tolle Sache, die eigentlich in jeden Haushalt gehört. Vielleicht sollte man eine überdimensionale Kugel in die Länder schicken, die ständig in Krieg miteinander sind. So eine heilende, sanfte Energie gibt es viel zu wenig auf dieser Erde.

Kriemhilde H. – Erfahrungsbericht zum Haussegen

Mit dem Urteilchen Haussegen, den ich vor circa zwei Wochen von Ihnen bekommen habe, bin ich und meine Familie sehr zufrieden.

Als Gesundheitsberaterin habe ich mich schon längere Zeit mit einer Lösung der Probleme Elektrosmog und Fremdeinwirkungen, wie vom schnurlosen Telefon, vom Computer und von TV-Geräten beschäftigt, aber leider nichts Zufriedenstellendes gefunden.

Als das Thema wieder aktuell wurde, bekam ich von Ihnen die Information über Ihren Urteilchen Haussegen. Sofort entschloss ich mich zum Kauf und die Überraschung war sehr positiv:

Ihr Urteilchen Haussegen wurde in der Mitte unserer Drei-Zimmer-Wohnung aufgestellt, und bald spürten wir eine angenehme Veränderung. Die harmonische, feinstofflich spirituelle und hoch schwingende Energie wirkt wie sanfte Musik. Schlechter Schlaf, Unkonzentriertheit, Hektik etc. gehören zur Vergangenheit. Es breitet sich eine friedliche Atmosphäre in allen Räumen aus, wovon wir Bewohner (unsere dreiköpfige Familie, unsere Eurasier-Hündin) und die Pflanzen sehr profitieren.

Ich kann nur positiv bestätigen, dass Ihr Urteilchen Haussegen mit seiner Energie auf wunderbare Weise nützlich ist.

In der Hoffnung, dass viele Menschen genau so überzeugt und glücklich darüber sind, finde ich, dass es ein Geschenk Gottes ist, wenn man so viel Schönes erfahren darf.

Brit L. – Erfahrungsbericht zum Haussegen

Am 27. 12. 2005 habe ich den Haussegen bekommen. Nach dem Auspacken stellte ich die Kugel vor mir auf den Tisch und spürte sofort ein pulsierendes Energiefeld. Mein Gesicht kribbelte und die Durchblutung verstärkte sich. Das Stirn-Chakra wurde warm. Vor meinem geistigen Auge sah ich weiß-goldenes Licht von der Kugel ausgehend, sich kreisförmig ausbreitend in alle Richtungen bis circa 500 Meter im Umkreis. Dabei wirkte es reinigend auf die Umgebung.

Ich selber spürte einen Kälteschauer, fror leicht, bekam später ganz warme Hände, meine Atmung wurde ruhiger und es breitete sich eine innere Ruhe aus.

Ich stellte die Kugel in der Nähe des Hauses, in einer unteren Etage, auf. Das Schwingungsfeld in unserem Haus wurde feiner.

Die Bewohner, mein Mann, mein Sohn und ich hatten etwa einen Tag nach der Aufstellung weniger Appetit, die Menge der Nahrungsaufnahme halbierte sich. Das ist in etwa bis heute so geblieben.

Ich nahm wahr, dass physisch und feinstofflich ein Reinigungsprozess begann. Besonders bei meinem Mann. Sein Bewusstsein erweiterte sich und er interessierte sich mehr für geistige Dinge, sprach anders und beschloss freiwillig (!) mit mir zum Qi Gong-Kurs zu gehen.

Mein Sohn hielt sich mehr im Haus auf und brachte Freunde mit.

Ich hatte das Bedürfnis, nach Dienstschluss möglichst schnell nach Hause zu kommen, um Ruhe zu finden.

Bei mir im Studio aufgestellt bewirkte der Haussegen eine ähnliche Reinigung der Energiefelder. Meine Kundschaft ist für meine Energiearbeit offener geworden.

Ich konnte neue Termine machen. Das Interesse ist stärker. Es fließt einfach alles besser nach der Aufstellung der Kugel.

So genannte ‚negative Energien' werden vom Haussegen nach meiner Wahrnehmung aber nicht abgeschirmt.

An dieser Stelle möchte ich Richard Weigerstorfer und seinen Helfern von Herzen für die Entwicklung dieser wunderbaren Energieprodukte danken, die so vielen Menschen helfen, sich in dieser Zeit des Umbruchs besser anzupassen, gesünder zu werden bzw. zu bleiben.

Wenn ich Post von Ihnen bekomme ist meine Freude immer groß. Ein Lichtblick zwischen all der anderen Post (meist Rechnungen).

Gabriele H. – Erfahrungsbericht zum Haussegen

Den Haussegen habe ich zuerst in meiner Praxis eingesetzt. Die Patienten sind viel schneller entspannt gewesen und konnten besser loslassen. Eine Patientin merkte eine Veränderung und wusste aber nicht, was es war. Ich erzählte ihr davon und sie bestellte sofort den Haussegen.

Ich war gerade umgezogen in meine neue Wohnung und da bekam ich Schlafstörungen. Ich konnte keine Nacht mehr so richtig schlafen. Dieses Problem habe ich bis dahin überhaupt nicht gekannt.

Also nahm ich meine Kugel aus der Praxis in meine neue Wohnung. Ab diesem Tag waren meine Schlafstörungen verschwunden.

Vielen Dank für dieses wunderbare Geschenk.

Anneliese N. - Erfahrungsbericht zum Haussegen

Im Dezember stellte ich unseren Haussegen auf. Dieser hat seinen Ehrenplatz auf einem kleinen Tisch. Allerdings habe ich ausgependelt, wo er genau stehen soll.

Ich hatte anfangs das Gefühl der Leichtigkeit. Inzwischen hat sich sehr viel ereignet:

Im Januar stellte man bei meinem Mann eine Lungenerkrankung fest. Im Februar wurden ihm zwei Liter Wasser abgezogen. Im März drohte eine Erstickung an Wasser in den Lungen. Eine nähere Untersuchung ergab Krebs am Rippenfell. Es wurde ihm hart gesagt, dass er unheilbar krank wäre und es für ihn keine Therapie gäbe (mein Mann ist 86 Jahre).

Der Haussegen, meine Meditation, die Meditationen meiner Tochter usw. tragen dazu bei, dass Wunder geschehen!

Wir konnten kolloidales Silberwasser, Blutzapper, Magnetpulser einsetzen.

Außerdem hatte mein Mann einen Katheder nach der Narkose. Die Therapie, die wir zu Hause durchführten, führte zum Erfolg.

Die Nachbarn im Aufgang sind freundlicher geworden (die sonst noch ein wenig brummig waren). Meine Tochter hat mir eine Urteilchen Schale geschenkt.

Wir sind guten Mutes und mit göttlicher Hilfe funktioniert die Kugel wunderbar.

Ilse Maria R. – Erfahrungsbericht zum Haussegen

Hier nun mein Bericht über den Haussegen, den ich Ende Januar 06 aufgestellt habe.

Als Erstes ist mir aufgefallen, dass ich Entscheidungen, die ich vorher lange Zeit vor mir her geschoben hatte, plötzlich mit einer Leichtigkeit und ohne Ängste dabei zu haben, treffen konnte (zum Beispiel – größere Investitionen für das Haus, sowie im Hof, Garten und Carport Bereich).

Ich bin insgesamt ruhiger und gelassener geworden; das merke ich vor allem dann, wenn ich in schwierige oder stressige Situationen komme und ich jetzt diese mit mehr Abstand betrachten kann.

Ich nehme viel schneller wahr, was förderlich für mich ist und was nicht und handle dementsprechend danach. Auch im gesundheitlichen Bereich ist einiges in Bewegung gekommen.

Und nun noch meine Beobachtungen bei meinen Haustieren: Anscheinend spüren auch meine sechs Katzen diese friedliche Energie.

Zwei meiner Kater konnten sich vorher nie richtig leiden. Entweder gingen sie sich aus dem Weg, oder je nach Laune, attackierten sie sich in Form von Schlägen und Bissen.

Mittlerweile ist es so, dass die Attacken viel weniger geworden sind und wenn doch, dann nicht mehr so heftig.

Der positive Höhepunkt dieser beiden Rivalen war vor circa drei Wochen, als beide friedlich und völlig entspannt nebeneinander in meinem Bett lagen und schliefen.

„Welch ein Wunder, das hatte es vorher nie gegeben!"

Nun möchte ich mich an dieser Stelle von ganzem Herzen für den Haussegen bedanken, sowie auch für alle anderen wunderbaren Produkte, die mir seither eine große Hilfe und Unterstützung waren.

Christine G. - Erfahrungsbericht zum Haussegen

Mein erster spontaner Eindruck war ein gewisses Vertraut-Sein und Geborgen-Sein. Ich stellte die Kugel in mein Schlafzimmer und erlebte Schlafphasen, die einer Art Bewusstlosigkeit glichen. Ich fand mich morgens in einem Zustand der Betäubung wieder; dies im Wechsel mit Nächten ohne Schlaf, in völliger Wachheit.

Beim Erwachen stellte ich tagelang Kopfschmerzen fest, die ich in der Form seit mindestens 25 Jahren nicht mehr kannte. In der Nähe der Kugel verspürte ich erhöhten Herzschlag und mein Körper vibrierte innerlich. Es fühlte sich an, als würde leichter Strom durch mich fließen. Ich habe lange hingefühlt in dieses innere Zittern und Vibrieren, um wahrzunehmen, auf welche Weise ich mich darauf einlassen könnte.

Anfangs war ich mir nicht ganz sicher, ob es mich auf- oder anregt, ängstigt oder angenehm berührt. Aber mir war schnell klar, dass ich es sehr spannend empfand, was da in mir abläuft und ich voller Erwartung bewusst in diese Schwingung hineinfühlte, um zu spüren, was es mit mir machte.

Die Deutung dessen, was sich in mir ereignete, entzieht sich momentan noch meinem Tagesbewusstsein. Nach zweiwöchiger Testphase sind die Kopfschmerzen, die vom Nacken ausgingen, vorbei.

Anita K. - Erfahrungsbericht zum Haussegen

Die Wirkung des Haussegens war vom ersten Tag, an dem er sich in unseren Wohnräumen befand, zu spüren. Wir erhielten ihn kurz vor Weihnachten. In der Zeit bis Weihnachten bemerkte ich, dass ich über auffallend viel Energie verfügte und um einiges weniger nervös war, als dies gewöhnlich vor Weihnachten der Fall ist. Ich war viel zufriedener und ausgeglichener, als sonst in dieser Zeit und konnte das Weihnachtsfest diesmal wahrhaft besinnlich angehen. Während der Weihnachtsfeiertage und den Tagen, die folgten, fiel mir auf, dass ich extrem viel und intensiv träumte. Anschließend folgten circa vier Wochen, in denen ich körperlich und seelisch-geistig in Bestform war. Die Auswirkungen des Urteilchen-Haussegens, der bei uns im Wohnzimmer steht, erinnern mich an die Wirkung einer sehr tief greifenden homöopathischen Hochpotenz. Auch beruflich spüre ich die Wirkung des Haussegens. Ich bin gespannt, was unter dem Einfluss des Haussegens noch alles passiert. Ich danke Ihnen hiermit vielmals für das Umsetzen Ihrer genialen Ideen.

Elisabeth W. - Erfahrungsbericht zum Haussegen

Als erstes hatte ich viele, bewusste Träume, was schon lange nicht mehr der Fall war. Des Weiteren fiel mir auf, dass ich ähnliche Reaktionen hatte, wie bei meiner homöopathischen Behandlung: Also in Richtung Erstverschlimmerung, was aber innerhalb eines Tages weg war. In Unterhaltungen mit Freunden herrschte ein angenehmes Klima. Wenn die Familie da ist, geht es seitdem ohne Sticheleien ab und es ist alles entspannter. Früher hatte ich bei Sorgen leichtes Unbehagen, Magendrücken, usw. Jetzt denke ich mir, es wird schon irgendwie weitergehen. Ich habe das Gefühl, auf besondere Weise beschützt zu sein. Alles in allem habe ich ein gutes Gefühl und ich bin froh.

Erika H. - Erfahrungsbericht zum Haussegen

Ich danke Ihnen, dass ich die Kugel seit Ende Januar hier haben darf. Da ich seit geraumer Zeit in sehr fordernden Lebensumständen stehe, ist sie mir eine wunderbare Hilfe zur Beruhigung und Stärkung in meinem Zuhause, wie eine kontinuierliche Friedensquelle. Ich bin mit der ‚Kugel' auch schon ein paar Mal über die Autobahn gefahren: Auch dort schenkte sie mir Halt und Trost. Was da genau vor sich geht, kann ich mit Worten leider nicht erklären. Nur weiß ich, die Urteilchenenergie tut mir gut.

Rosmarie M. - Erfahrungsbericht zum Haussegen

Gerade richtig zu Heiligabend kam der Urteilchen-Haussegen und wurde sofort aufgestellt. Am nächsten Morgen stelle ich fest, dass ich viel besser geschlafen hatte, als sonst. Nach ein paar Tagen war es immer noch so. Wir haben ein ganz neues Energiefeld im Haus bekommen. Ich bin lange nicht mehr so negativ wie vorher und bin auch viel geduldiger geworden. Bei meinem Partner konnte ich keine Veränderung feststellen, nur bei mir.

Regina W. - Erfahrungsbericht zum Haussegen

Beim Eintreffen des Urteilchen-Haussegens hat meine Tochter mit ihren Händen eine sehr starke Energie gefühlt. In der folgenden Nacht hatte ich gleich einen längeren, tieferen Schlaf, was schon seit einiger Zeit nicht der Fall war, da ich immer fast jede Stunde aufwachte. Auch merkte ich, dass ich mehr Träume hatte und diese bewusster wahrnahm.

Ich mache Klangmassage mit tibetischen Klangschalen, Reiki, male Energiebilder und habe nun den Urteilchen-Haussegen in meinem Klangraum in unserem Haus aufgestellt. Seitdem zieht es mehr Leute an. Sie werden auf meine Energiebilder aufmerksam und ich erlebe noch mehr positive Anerkennung für meine Klangarbeit, für mein Reiki und meine Energiebilder. Ich spüre noch mehr Fülle.

Mein Eindruck ist, dass meine Arbeiten intensiver werden und tiefer gehen. Der Urteilchen-Haussegen bringt mich in meiner geistigen Entwicklung schneller voran. Sicherlich bewirkt der Urteilchen-Haussegen noch viel mehr, was mir im Moment noch nicht bewusst ist. Auf jeden Fall bin ich dankbar für dieses Geschenk. Ich danke der geistigen Welt und Ihnen, Herr Weigerstorfer, dass sie so offen für diese geistigen Energien sind und vor allem, dass Sie Ihr Wissen zum Wohle für andere Menschen weitergeben.

Regina B. - Erfahrungsbericht zum Haussegen

Ich habe ein oft hektisches Leben und mein Umfeld raubt mir viel Energie. Seitdem ich den Haussegen habe, sehne ich mich ständig nach Ruhe und Behaglichkeit am besten in meiner Wohnung, wo mir auch schnell die Regeneration gelingt. Ich leite eine Meditationsgruppe zu Hause und alle sind von der wunderbaren Schwingung im Heim begeistert. Sie bekunden es immer wieder, ohne zu wissen, was die Ursache ist. Noch habe ich nicht darüber gesprochen. Viele ‚Wunder' sind seither beim manifestieren passiert in meinem Leben und im Leben der Anderen. Wenn andere Menschen krank wurden, so blieb ich verschont und Unpässlichkeiten sind leicht mit homöopathischen Mitteln zu beheben. Mein Sohn, auf den ich jahrelang vergeblich gehofft habe, besucht mich plötzlich wieder. Interessant ist auch, dass ich, seitdem ich im Besitz der Kugel bin, mit besonderen Dingen und Umständen konfrontiert werde. Zuversicht, Freude und eine dankbare, positive Grundstimmung durchfluten mich. Ich bin sehr glücklich, den Urteilchen-Haussegen zu besitzen.

Sieglinde B. - Erfahrungsbericht zum Haussegen

Ich habe den Urteilchen-Hausegen im Dezember 2005 aufgestellt. Ich fühle mich seitdem wesentlich ruhiger und entspannter. Vor allem schätzen meine Patienten die Ruhe und Behaglichkeit, die von ihm ausgehen. Auch empfinde ich den Urteilchen-Haussegen als eine Wohltat bei Reiki-Behandlungen. Ich bin froh, den Urteilchen-Haussegen zu besitzen.

Anne Sch. - Erfahrungsbericht zum Haussegen

Da ich viele hochschwingende Dinge (z. B. Edelsteine, Feng Shui-Symbole usw.) in meiner Wohnung habe, kann ich es vielleicht nicht ganz korrekt beurteilen, wie der Haussegen bei mir wirkt. Trotzdem glaube ich, dass die wohltuende Atmosphäre sich noch gesteigert hat (auch nach Aussagen von Freunden). In meiner Wohnung habe ich vorher keine Elektrosmogstörungen empfunden, hoffe dennoch, wenn welche vorhanden waren, dass sie nun wohltuend überlagert werden.

Marianne L. - Erfahrungsbericht zum Haussegen

Eine positive, energetische Ausstrahlung direkt auf Personen in unmittelbarer Nähe der Haussegens – Kugel circa vier Meter im Radius. Damit gehen Heilströme, die die Lebensenergie wesentlich verbessern, einher. Man könnte die Haussegen-Kugel auch ‚Lebensenergie-Strahler' nennen. Sie verbessert die Aura-Ausstrahlung. Eine angenehme, feinstoffliche Atmosphäre im Raum, gut für z. B. Therapien und Yoga Behandlungen. Vor allem zur Unterstützung für Meditationsübungen ist sie eine sehr gute Hilfe. Ihre Ausstrahlung ist sogar mit den Händen gut fühlbar. Weniger messbar sind geopathische und elektromagnetische Belastungen im Raum. Die geopathische Belastung wird viel schneller abgebaut. Nach unseren Feststellungen ist diese Haussegen-Kugel nicht auf das gesamte Haus messbar, sondern auf einen Raum beschränkt von 4 x 4 Metern im Radius. Darum ist es empfehlenswert, die Haussegen-Kugel in unmittelbarer Nähe zu haben.

Gertraud Sch. - Erfahrungsbericht zum Haussegen

Ich hatte mir die Kugel kleiner vorgestellt und war über die Schönheit überrascht, sie fühlt sich wie Samt und Seide an. Ich habe diese Kugel herzlich willkommen geheißen, sie gebeten, mit ihrer vollen Kraft bei uns zu wirken und habe sie gesegnet. Seitdem steht sie im Korridor mitten in der Wohnung, - allerdings am Telefon. Dort fällt sie keinem Besucher auf und wird nicht angelangt.

Angela St. - Erfahrungsbericht zum Haussegen

Immer, wenn ich mit sensiblen Klienten arbeite, gebe ich ihnen, wenn sie im Alpha-Zustand sind, die Haussegen-Kugel in die Hand. Die Aussagen sind ausnahmslos positiv. Alle spüren eine Energie, die langsam von den Händen, ins Herz und schließlich in die Aura fließt. Ich selbst liebe die blaue Kugel. Sie steht neben den ‚Licht-der-Engel-Karten' auf meinem Tisch, wenn ich Readings mache.

Heike K.Z. - Erfahrungsbericht zum Haussegen

Im Dezember 2005 habe ich den Urteilchen-Haussegen bekommen. Sofort, beim Auspacken, spürte ich in mir eine stärkere Entspannung, größere innere Klarheit und einen Anstieg von Freude.

Aus einem inneren Bedürfnis heraus, habe ich zuerst alle ‚guten Wesen', die mit diesem Haussegen in meine Wohnung gekommen waren, willkommen geheißen und Ihnen gesagt, dass ich hoffe, dass es Ihnen bei mir gut ginge? Auch wenn es öfters vielleicht mal nicht so aufgeräumt ist. Seitdem die Kugel in meiner Wohnung ist, kann ich keine Belastung bei elektromagnetischen Feldern testen. Auch gibt es keinen Elektro-Smog und keine Erdstrahlen mehr. Da bin ich schon sehr froh darüber, dass hier offenbar eine Art Entstörung oder Überlagerung festzustellen ist.

Nach circa zwei Wochen hatte ich das Gefühl, dass sich in der Wohnung eine Art ‚starker Schutz' aufbaut (also nicht: in meinem Körper). In den darauf folgenden Wochen, hatte ich oft das Gefühl, dass ich nicht allein bin, sondern noch ‚sehr starke und gute Wesen' in meiner Wohnung sind. Ich habe inzwischen den Eindruck, dass die Kugel vor allem auf meine Wohnung einwirkt - dort arbeiten ‚die Wesen' sehr stark - jedoch weniger, direkt auf meinen Körper. Ich habe immer das Gefühl, dass ich um die Kugel herum noch ganz viele Edelsteine legen möchte. Das wäre irgendwie gut und sehr passend. Warum, kann ich nicht sagen.

Gerhard K. - Erfahrungsbericht zum Haussegen

Wir stellten die Kugel zunächst in den Hausflur und dann vor einigen Wochen ins kleine Wohnzimmer. Es fällt uns schwer, ein schriftliches Urteil über diese Kugel abzulegen. Meine Frau sagt, dass diese Kugel Wärme ausstrahle. Sie ist der Meinung, dass es im Haus innerlich ruhiger geworden sei. Sie schläft jetzt besser und fester. Wir sind ja beide 75 Jahre alt. Ganz allgemein fühlt sie sich angenehmer. Ich selbst hoffe, dass es die Zeit mit sich bringt, etwas Festeres zu finden, was man anfassen kann (im übertragenen Sinne).

Ottilie Sch. - Erfahrungsbericht zum Haussegen

Den Urteilchen-Haussegen habe ich bei mir seit Ende Dezember 2005 im Wohnzimmer aufgestellt. Er steht da an der zentralsten Stelle in meiner Wohnung, die sich in einem Wohnblock mit Eigentumswohnungen befindet. Deshalb dürfte um mich, unter und über mir ziemlich viel Elektrosmog entstehen. Weiter befindet sich in der Nähe des Hauses die Bahnlinie nach Nürnberg. Eine Messung der elektrischen und magnetischen Felder an meinem Körper über 24 Stunden gemessen, bei der ich durch das GSF-Forschungs-Zentrum vor einigen Jahren mitgemacht habe, hat jedoch keine nennenswerten Belastungen ergeben. Wie es mit Wasseradern, Netzgittern und Verwerfungen aussieht, weiß ich nicht.

Seit ich den Urteilchen-Haussegen aufgestellt habe, kann ich nachts wieder durchschlafen. Schlaflosigkeit, bzw. schlechter Schlaf war seit circa einem Jahr mein ständiger Begleiter. Das ist jetzt vorbei.

Stephanie W. - Erfahrungsbericht zum Haussegen

Es dauerte vier Wochen, bevor mir auffiel, dass sich jetzt viel mehr Leben im Wohnraum abspielte.

Meine Tochter saß ständig mit Büchern umgeben auf dem Sofa und lernte für ihr Abitur – in ihrem Zimmer hätte sie mehr Platz und Ruhe gehabt. Die ganze Familie kommt viel mehr zusammen als sonst. Es wird viel gelacht, alles ist fröhlicher und entspannter. Selbst unser Hund wirkte noch anhänglicher und schmusebedürftiger.

Zwei Zimmerpflanzen, die recht angeschlagen waren, haben sich bestens erholt.

Rita N. - Erfahrungsbericht zum Haussegen

Die Kugel steht nun seit zwei Monaten im Behandlungsraum meiner Praxis. Sie haben völlig Recht: Sie stört nicht durch Eigenwilligkeit, sondern unterstützt meine Arbeit. Die Patienten kommen viel leichter in eine meditative Ruhe. Bei meiner spirituellen Arbeit, z. B. einer Chakra-Energie-Massage, geschehen nun tiefere Öffnungen zum Kern des Problems. Auch meine eigene Fähigkeit, tiefere Themen wahrzunehmen, hat sich erweitert. So konnte ich einem jungen Mann sagen, dass mit seinem Vornamen etwas nicht stimmt und es Schwierigkeiten von Seiten seiner Eltern bei der Namensgebung gab. Er bestätigte dies und ich bat ihn, mir seinen eigenen Namenswunsch zu nennen. Es war Florian. Ich verankerte diesen Namen in seinem Herz-Chakra und er begann heftig zu weinen. Fast überflüssig zu sagen, dass es ihm seitdem viel besser geht. Auch bei körperlichen Themen ist der Haussegen hilfreich.

Fazit: Ich bin sehr zufrieden mit dem Urteilchen-Haussegen.

Roland N. - Erfahrungsbericht zum Haussegen

Mit dem Eintreffen der Kugel tauchte bei mir eine Müdigkeit auf, die mich dazu zwang, nur das zu tun, was wirklich notwendig war und Stress zu vermeiden. Das Haus in dem ich wohne, beherbergt mehrere Mieter und Eigentümer und wird nun nach über vierzig Jahren zum ersten Mal gründlich renoviert. Dabei ließen sich Auseinandersetzungen nicht vermeiden. In der letzten Zeit überwiegt die Harmonie so, dass wir mit dem Projekt auch in den kleinen, schwierigen Dingen gut vorankommen. Ich kann auch an mir mehr Kreativität feststellen: Projekte in der Wohnung, die ich schon Monate oder Jahre vor mir her schob, werden jetzt verwirklicht.

Justina K. - Erfahrungsbericht zum Haussegen

Den Urteilchen-Haussegen habe ich mir von meinem Mann zu Weihnachten schenken lassen. Zu den Feiertagen war es ein geeigneter Zeitpunkt. Wenn ich an die Zeit kurz nach Weihnachten zurück denke, so würde ich sagen, dass sich die Schwingungen im Haus harmonisiert haben. Wenn ich Situationen zu lösen habe, so kommen mir nun intuitive Lösungen und es klären sich sogar verschiedene Situationen aus der Vergangenheit. Ich gebe in meinem Haus Yoga-Unterricht, Reiki und Klang-Massagen. Seit ich den Urteilchen Haussegen verwende, fühle ich mich stärker an das Universum gebunden. Meinem Mann und meiner Tochter sind leider keine Veränderungen bewusst geworden.

Marianne Sch. - Erfahrungsbericht zum Haussegen

Vor Weihnachten erhielt ich meinen Urteilchen-Haussegen. Auf der Eckbank bekam die Kugel ihren Platz. Bald fiel mir auf, dass unsere gemeinsamen Mahlzeiten häufiger und harmonischer geworden sind. Wir lachen noch mehr miteinander und genießen unser Beisammensein. Meine Meditationen sind intensiver geworden.

Hartmut U. - Erfahrungsbericht zum Haussegen

Am Abend des Nikolaustages im Jahre 2005 erhielt ich die Urteilchen-Haussegen Kugel. Meine Frau, sensitiver veranlagt als ich, fühlte gleich eine angenehme Strahlung von der blauvioletten Kugel ausgehen. Durch die violette Kugel, so möchte ich sie mal nennen, verbreitete sich eine gewisse Leichtigkeit im Haus. Alle unsere Vorhaben, also alles, was wir uns vornehmen, gelingt uns besser - manchmal nur stückchenweise, aber immer konstruktiv. So bin auch ich schon ordnungsliebender geworden: Ein großes Ereignis. Die blaue Kugel steht, wie schon gesagt, auf einem zentralen Platz.

Die Stimmung im Haus ist versöhnlicher, freundlicher, irgendwie witziger geworden. Meine Frau ist seit circa sechs Jahren chronisch erkrankt. Wie sie mir nun sagte, hat sie, so lange sie sich im Haus aufhält, keine Schmerzen mehr, seit wir im Besitz des Urteilchen-Haussegens sind. Etwas Neues testen wir seit einigen Wochen aus: Meine Frau und ich nehmen die violette Kugel, wohl verpackt in einem Handtuch und in einer Stofftasche verstaut, zu Ärzten, Behörden usw. mit. Die Ergebnisse sind bald immer die Gleichen. Nach ungefähr einer halben Stunde, oder schon eher, erhebt sich unter den Patienten in den Wartezimmern ein freudiges Gebrumm, obwohl vorher eine mehr passive, desinteressierte Stimmung vorherrschte. Bei den Ärzten und Beamten kamen mir die Gespräche freundlicher und interessierter vor.

Hermann K. - Erfahrungsbericht zum Haussegen

Nachdem ich die Urteilchen-Haussegen Kugel mehrere Tage in meinem Meditations- und Schlafraum hatte, erlebte ich während einer Meditation ein Stockwerk höher, wie das ganze Haus, ein Einfamilienhaus, in einer großen Lichtkugel eingehüllt war. Auch konnte ich mit dem Elementar- und Engelkräftewesen durchs innere Wort sprechen.

Dietz v. H. – Erfahrungsbericht zum Haussegen

Am vorletzten Tag des letzten Jahres haben wir in Gauting ein Häuschen aus dem Jahre 1953 gekauft. Vor vier Wochen sind wir, nach einer kompletten Sanierung, die noch nicht ganz fertig ist, in das Haus eingezogen.

Die Sanierungsphase funktionierte außergewöhnlich reibungslos. Die Koordinierung der einzelnen Firmen schien wirklich aus einer höheren Ebene zu geschehen. Trotz erheblich höheren Kosten für die Sanierungsarbeiten (viermal mehr als geplant) wurde uns ein Nachfinanzierungskredit zugesagt, so dass in einigen Wochen sogar noch die Solaranlage verwirklicht werden kann.

In der Tat haben wir, meine Frau und ich, das Gefühl, das Haus steht unter einem sehr guten Segen.

Wir schlafen prächtig und unser Sohn (2 ¾ jährig) fühlt sich in den neuen vier Wänden ebenfalls ausgesprochen wohl.

Rita St. - Erfahrungsbericht zum Haussegen

Seit dem 24. Dezember 2005 bin ich im glücklichen Besitz des Urteilchen-Haussegens. Zunächst hatte ich Zweifel an der Wirkung dieser schönen Kugel.

Sie fand ihren Platz auf dem Kachelofen im Wohnzimmer. Ich bin überrascht, wie schnell der Urteilchen-Haussegen einen positiven Einfluss auf meine Umgebung hatte. Ich bin 32 Jahre, verheiratet und durfte in letzter Zeit, nachdem ich den Urteilchen Haussegen aufgestellt hatte, feststellen, dass die unterschwelligen Spannungen der letzten Zeit zwischen meinem Mann und mir nicht mehr da waren.

Mein Haus liegt in der Nähe einer Eisenbahnlinie. Durch elektrische Haushaltsgeräte und Computer war mein Haus trotz Segnung sicherlich belastet. Heute ist mir klar, dass Menschen in diesem Haus unter Strom standen und dies sich in zwischenmenschlichen Beziehungen auswirkte.

Bei meinem Mann und mir durfte ich feststellen, dass wir häuslicher geworden sind. Unangenehme Arbeiten gehen mir flott von der Hand. Diese Tätigkeiten empfinde ich nicht mehr als Belästigung und verrichte sie in Ruhe und Ausgeglichenheit. Auch hatte ich ständig Probleme mit der rasenden Zeit. Jetzt fühle ich mich ruhig und ausgeglichen. Ich lasse mich nicht mehr von der Uhr jagen. Ich bin überrascht, wie schnell der Haussegen gewirkt hat. Ich bin glücklich und werde diese Produkte weiterempfehlen.

Lilli W. - Erfahrungsbericht zum Haussegen

Beim Auspacken der Urteilchen-Haussegen Kugel hatte ich schon ein sehr gutes Gefühl. Ich liebe diese violette Farbe, die am Fenster der Helligkeit eine positive Ausstrahlung gibt.

Es kommt so eine beruhigende Energie herüber, die ich so dringend brauche. Ich denke, dass die Kugel seinen Teil zu meiner Genesung (von der schweren Operation) beigetragen hat. An Weihnachten hatte ich viele Leute zu Besuch, die einfach nicht mehr nach Hause gehen wollten. Sie sagten immer wieder, wie gemütlich es bei mir sei. Mein Mann ist seit Weihnachten mit 66 Jahren in Rente und ich hatte schon so meine Bedenken, dass ihm die Arbeit, die er schon um ein Jahr hatte verlängern lassen, vermissen würde. Auch er hat sich der Lage, zu meinem Erstaunen, gut angepasst. Ich bin sicher, dass ich noch viel Freude an dieser Kugel haben werde.

Ilse v. H. - Erfahrungsbericht zum Haussegen

Am 25. 11. 2005 stellte ich den Urteilchen-Haussegen auf meinen Schreibtisch im Wohnzimmer auf. Als erste Reaktion wurde mir bewusst, dass ich freundlicher und geduldiger wurde. Ich wurde mutiger und überwand meine Angst, etwas zu tun, vor dem ich mich schon lange gefürchtet hatte. So bin ich also froh, den Urteilchen-Haussegen erworben zu haben.

Isabella W. - Erfahrungsbericht zum Haussegen

Nun habe ich die wunderschöne, violette Urteilchen-Haussegen Kugel in meinem Haus stehen. Als ich sie ausgepackt hatte, spürte ich sogleich ein beruhigendes, beglückendes Gefühl. Die Kugelform, sowie die violette Farbe haben so etwas Sanftes in sich.

So stellte ich sie erst einmal in meiner Praxis auf. Bereits schon am nächsten Tag holte ich die Kugel in meine privaten Räume, rein aus Intuition heraus, denn ich hatte private Probleme. Ohne mir große Gedanken zu machen, platzierte ich sie am Fenster, wo die Sonne der violetten Farbe zur vollen Entfaltung verhalf. Das ganze Haus erfüllte sich mit Frieden. Ich hatte eine frische Partnerschaftstrennung hinter mir und haderte mit mir selber. Ich war kraftlos, ausgelaugt, aggressiv und einfach nervlich fertig.

Jetzt denke ich, dass die Kugel mir wieder zu meinem inneren Frieden verhalf. Die Klarheit kam zurück und ich wusste plötzlich: Alles war so und wie es ist, so ist es gut. Meine Kraft kam zurück und ich konnte mit der neuen Situation besser umgehen. Schon lange hatte ich nicht mehr meditiert, doch als ich die Kugel in der Hand hielt, fiel ich plötzlich aus dem Nichts in einen tiefen Trancezustand, der bestimmt seines zu meiner Heilung und zu der Auflösung meines Problems tat. Zurzeit habe ich die Kugel in meiner Praxis unter einer Pyramide platziert. Ich habe das Gefühl, eine deutliche Verstärkung zu verspüren. Da der Platz sich genau unter meinem Schlafzimmer befindet, kann ich nur erwähnen, dass mein Schlaf so tief und erholsam ist, wie schon lange nicht mehr.

Bei meinen Patienten habe ich festgestellt, dass sie sich nach der Behandlung noch erholter und leichter fühlen, als schon zuvor. Auch die Gespräche sind tiefer gehend und bewirken ein schnelleres und erstaunliches Umdenken!

Wilma R. - Erfahrungsbericht zum Haussegen

Am 07. 12. 2005 ist mit dem Urteilchen-Haussegen bei mir viel Segen und Freude eingekehrt. Ich habe so große innere Ruhe erhalten, dass ich jetzt sehr viele Dinge mit Mut und Überzeugung angehen kann. Und was Ruhe in mir und im Haus angeht, so habe ich durch die Anwesenheit vom Urteilchen-Haussegen sofort vom ersten Tag an folgendes festgestellt: In der Etage unter mir wohnt eine Familie mit zwei Kindern. Das Ehepaar hat sich mindestens zweimal in der Woche, manchmal auch sehr spät in der Nacht, lauthals gestritten und so laut angeschrieen, dass ich vor Aufregung die ganze Nacht nicht schlafen konnte. Seitdem ich den Urteilchen-Haussegen besitze, höre ich nichts mehr davon.

Außerdem habe ich festgestellt, dass meine Empfindlichkeit gegen Kälte etwas abgemildert ist. Besonders in meinem Schlafzimmer fand ich es immer ganz extrem kalt, trotz der Heizung. Obwohl ich dort weniger heize, empfinde ich es trotzdem als angenehmer im Vergleich zu vorher. Da ich die Urteilchen-Haussegen Kugel in meinem Schlafzimmer stehen habe, wache ich morgens immer bester Laune und gestärkt auf und bin sogar in der Lage, auch nachts, wenn ich einmal wach werde, zu meditieren. Und all das, macht mich sehr glücklich. Ich möchte dieses Glücksgefühl auch an andere Menschen weitergeben.

Auch habe ich die Edelsteinphilosophie der hl. Hildegard von Bingen wiederentdeckt. Ich hatte mich vor Jahren damit einmal beschäftigt, habe dann aber die Lehren Hildegards wieder vergessen. Jetzt finde ich wieder sehr großes Interesse daran. Auf jeden Fall kann sich jeder beglückwünschen, der den Urteilchen-Haussegen bei sich hat. Ich bin sehr gespannt, was ich noch alles so damit erleben werde.

Lore B. - Erfahrungsbericht zum Haussegen

Ich hatte Ihnen bei meiner Bestellung die Kopie eines Rutengänger-Plans meines Schlafraumes beigelegt. Da es kaum einen Platz gibt, auf dem ein Bett oder auch nur eine Matratze störungsfrei postiert werden kann, lege ich mehrfach nachts meine Matratze um. Ihren Haussegen postierte ich zunächst auf der Schrankecke, dann auf dem Tisch neben meiner Matratze, in der letzten Zeit auf der Matratze selbst oberhalb meines Kopfes. Das Muskelzucken in den Beinen hat nachgelassen, ich wache nachts auch etwas weniger häufig auf.

Betty H. - Erfahrungsbericht zum Haussegen

Meine ganze Familie durfte positives erfahren. Die erste Kugel hat ihren Platz in meiner Wohnung, eine weitere bei meiner jüngeren Tochter, die eine zweite in ihrem Geschenke- und Buchladen liegen hat. Meine ältere Tochter hat auch zwei Kugeln in ihrer Wohnung, da diese ziemlich groß ist. Wir haben noch eine Gaststätte. Auch hier liegt ein Urteilchen-Haussegen im Restaurantbereich. Es ist gar nicht so einfach, über all die Veränderungen zu berichten. Im Allgemeinen hat sich eine auffallend angenehme, harmonische Atmosphäre entwickelt. Dies ist ganz besonders mir persönlich aufgefallen. Jeder wurde gelassener und lässt sich kaum noch stressen. Man hat mehr Verständnis für- und miteinander - nicht nur in der Familie, sondern auch unter den Mitarbeitern. Keiner regt sich noch großartig über etwas auf, was besonders bei meinem Mann auffällig ist. Er war immer mal aggressiv und mürrisch gewesen. Das hat sich jetzt fast alles gelegt - kaum zu glauben! Auch seine negativen Einstellungen zu seinem Umfeld sind beinahe weg. Er hat so eine Ruhe gefunden und kann beneidenswert gut schlafen - einfach wunderbar!

Aber auch mir hat der Haussegen viel Gutes gebracht. Ich gehe seither mit mir selber ganz anders um. Gönne mir mehr Zeit für mich selbst, rege mich kaum noch über etwas auf, lass mich nicht mehr stressen und meine Einstellung zu Allem ist viel positiver geworden. Ich erkenne immer mehr, was wirklich wichtig ist. Auch die Arbeit fällt mit leichter. Ich habe um mich einen Schutzmantel gezogen und so bringt mich so schnell nichts mehr aus der Ruhe. Unsere Gäste fühlen sich in dieser Schwingung auch sehr wohl. Wir haben nur noch positive Rückmeldungen und nette, zufriedene Gäste. Dasselbe berichtet unsere jüngere Tochter von ihren Kunden. Sie hat oft den Eindruck, dass sie kauffreudiger geworden seien, dass sie Gespräche suchen und auch mal, ohne ärgerlich zu werden, warten können. Es ist einfach harmonischer geworden. Meine Tochter selbst ist viel besser drauf und kaum noch gestresst. Auch in der Partnerschaft ist mehr Harmonie angesagt. Bei unserer älteren Tochter hat sich auch einiges getan. Sie soll ja demnächst unsere Gaststätte übernehmen, wovon sie, schon wegen der vielen Arbeit und der großen Verantwortung, nicht so überzeugt und begeistert war. Nun aber ist alles anders geworden. Fast alle Befürchtungen und Ängste haben sich gelegt. Sie interessiert sich viel mehr für alles, setzt sich im Betrieb ein und ist dabei auch noch gut gelaunt - eine wünschenswerte Entwicklung! Ihr Mann ist auch nicht mehr so hektisch und unsre beiden lieben Enkelkinder (neun und elf Jahre) gehen in letzter Zeit viel harmonischer miteinander um. Man kann all die vielen, kleinen Veränderungen gar nicht berichten und beschreiben: Es würde ins Unendliche gehen. Ich bin fest davon überzeugt, dass alles noch harmonischer und besser werden wird und dass dies jetzt nur der Anfang von den Veränderungen ist. Dieser wunderbare Haussegen ist bestimmt ein Geschenk vom Himmel und ich bedanke mich recht herzlich, dass Sie, lieber Herr Weigerstorfer, sich dessen annehmen und es unter die Menschen bringen.

Karin F. - Erfahrungsbericht zum Haussegen

Mit Ihrem Urteilchen-Haussegen habe ich folgendes erlebt: Im Sommer bin ich in eine neue Wohnung gezogen, die sich in einem Gründerzeithaus befindet. Die Wohnung hat einen positiven Zuschnitt. Schnell bekam ich Kontakt zu meinen neuen ‚Hausbewohnern.' In der Wohnung sind viele, gute Hausgeister vorhanden, aber ein kleiner Störenfried war auch dabei.

Die Wohnung habe ich sofort durch Räucherung gereinigt und konnte dadurch schon einige, festgesetzte Seelen befreien, um sie ans Licht zu bringen. Trotz der ganzen Arbeit (auch noch danach, jeden Tag mit Räucherstäbchen und Kerzenlicht) war irgendwie ein eigenartiges Gefühl da.

Das seltsame Gefühl trat immer dann auf, wenn ich mich in Gedanken schon auf meinem Weg in die neue Wohnung machte, bzw. ich die Wohnung betreten wollte oder sie betrat. Ob ich mit meinem Einzug in diese Wohnung jemanden störte? Jedenfalls hatte ich das Gefühl, dass da etwas ist, was meine Freude über die neue Wohnung trübte. Ich richtete mir die Wohnung schön ein und von ‚oben' kam die Info: „Mach eine ‚Sonnen-Wohnung' daraus und streiche alle Wände in der Farbe Gelb!" Das tat ich dann auch. Nur dieses ‚Gefühl' ließ mich nicht los. Dadurch kam mir die Eingewöhnungsphase sehr lang vor.

Ich wohnte zwar schon dort, aber ich lebte noch nicht dort. Ich fühlte mich fremd in meiner neuen Wohnung. Nun war guter Rat gefragt. Da kam mir dann der Urteilchen-Haussegen mit Testbericht gerade richtig. Was für ein ‚Zufall!' Schon beim Aufstellen der Kugel durchzog eine schöne Welle meinen Flur, denn dort hatte ich sie, wegen des Eingangsbereichs, positioniert. Ich glaube, der Urteilchen-Haussegen hat ganze Arbeit geleistet, um den ‚Störfaktor' zu bereinigen, denn es dauerte einige Wochen.

Seit dem 24. 01. 2006 gehört die Wohnung zu mir. Es wurde also eine energetische Reinigung durchgeführt. Dieses anfänglich unangenehme ‚Gefühl' ist in ein positives umgewandelt worden. Meine Wohnung hat eine ganz andere Ausstrahlung bekommen. Das merke aber nur ich. Mal schauen, was noch alles passiert und was sich sonst noch zum Positiven hin verändert. Wenn ich mir das Ganze so betrachte, war und ist es eine interessante Lebenserfahrung. Es bleibt weiter spannend.

Lisa K. - Erfahrungsbericht zum Haussegen

Was ich feststellte, seit ich den Urteilchen-Haussegen habe? Es geht alles um mich herum schneller, zumindest habe ich so das Gefühl. Es werden auch Dinge in mein Leben gebracht, die ich erledigen muss. Auch das geht schneller. Mein Enkelsohn (3½ Jahre) hat im Schlafzimmer unter vielen Edelsteinen gleich den Urteilchen-Haussegen entdeckt. Er streichelt einige Male die Kugel mit seiner Hand und sagte dabei: „Omi das ist aber eine sehr schöne Kugel!" Ich bemerkte dabei, wie groß seine Achtung und Respekt der Kugel gegenüber war und wie er sich somit mit der Energie der Kugel verband.

Ilona L. - Erfahrungsbericht zum Haussegen

Seit Dezember 2005 steht der Urteilchen-Haussegen an einem besonderen Platz in der Mitte unserer Wohnung. Außer mir weiß niemand von dem Urteilchen-Haussegen. Er steht auf einem Regal unter einer Pflanze, die ihn durch ihre langen Blätter verdeckt. Das ist bewusst so geschehen, damit niemand beeinflusst wird. Die Pflanze gedeiht prächtig. Einige Dinge in unserer Familie (zwei Erwachsen, zwei Kinder, ein Hund) sind wieder im Fluss, nachdem es zäh war oder gar zum Stillstand kam. Ich freue mich und bin gespannt auf weitere Entdeckungen durch den Urteilchen-Haussegen.

Angelika L.R. - Erfahrungsbericht zum Haussegen

Ich habe mich etwas schwer getan, meine Beobachtungen in Worte zu fassen. Ich habe, wie so oft, auf eine Sensation gewartet. Dabei habe ich übersehen, dass die Sensation schon mit dem Auspacken des Urteilchen-Haussegens begann.

Wir steckten mitten im Weihnachtsstress und einem Beziehungschaos. Zudem war ich gesundheitlich nicht gut drauf: Die Nerven lagen wieder einmal blank. Ich wünschte mir nur, dass sich alles löst und klärt. Dass sich Wünsche so wörtlich umsetzen können, habe ich zwar geahnt, aber noch nie erlebt. Doch es begann eine Zeit der Klärung auf allen Ebenen.

Die Weihnachtszeit erlebten wir stressfreier als alle Jahre zuvor. Unsere Haustiere (Hund und Katze) sind viel ruhiger und friedlicher geworden. Unsere Pflanzen bedanken sich nach zwanzig Jahren mit Blüten (Aloe Vera). Meine Schwiegermutter (82) braucht keine Medikamente mehr.

Mein Mann hat plötzlich Erkenntnisse, auf die ich lange gewartet habe. Ihm fallen wörtlich Schuppen von den Augen. Für mich haben sich viele Sinnfragen geklärt und damit auch gesundheitliche Probleme. Ich kenne ja Erstverschlimmerungen, aber so heftig und schmerzhaft habe ich sie noch nie erlebt. Doch ich weiß, dass nach der Reinigung alles viel klarer und geordneter sein wird. Ich wünsche mir, dass der Weg zur Heilung der Richtige ist.

Elke M. - Erfahrungsbericht zum Haussegen

Als ganz besonderes Weihnachtsgeschenk kam der Urteilchen–Haussegen pünktlich am 23. 12. 2005 zu mir nach Hause. Ihn in den Händen zu halten, ist allein schon ein wunderbares Gefühl: Es war als sei ein geheimnisvolles ‚Wesen' von einem anderen Stern zu mir herab gestiegen.

Ich habe die Kugel erst einmal in meiner Wohnung herumgetragen und gespürt, wo ein geeigneter Platz für sie wäre. Ich entschied mich dann, sie zu meinen Steinen zu legen: Rosenquarz, Bergkristall, Malachit, Mokait etc. In dieser Umgebung schien es mir sehr stimmig zu sein. Ich meditierte darüber und spürte eine starke Kraft.

Zu den Feiertagen bekam ich Besuch von meiner Tochter (32) und ihrem Freund. Ich bin es gewohnt, dass es manchmal Spannungen gibt, auch Missstimmungen. Dieses Mal war es aber auffallend harmonisch, freudig, heiter und gelöst. Meine Tochter, die beruflich (Dissertation) sehr belastet war, empfand die Wohnung - ohne, dass ich sie auf den Urteilchen – Haussegen aufmerksam gemacht hatte - als heilsam und wohltuend.

Sie regenerierte von Tag zu Tag. Sie fühle sich wie in einem Wellness-Hotel bei mir, sagte sie.

Auch bei anderen Menschen, die mich, seit der Haussegen bei mir Einzug gehalten hatte, besuchten, spürte ich Harmonie und großen Frieden. Man fühle sich sehr, sehr wohl bei mir und die Energie von Raphael sei stark zu spüren, waren einige Bemerkungen, die mich sehr erfreuten. Auffallend für mich persönlich ist, dass ich besonders leicht an meine Schattenthemen komme. Ich kann mich nicht davor drücken. Sie kommen einfach und das ist gut so. Meine Energiearbeit mit Steinen ist intensiver und kraftvoller durch den Haussegen.

Zu einem Besuch bei meinen Eltern nahm ich den Haussegen auch mit. Es gibt dort Schwierigkeiten, weil meine Mutter, wegen ihrem hohen Alter, zeitweise aggressiv reagiert. Nach zwei bis drei Tagen war die Stimmung verändert: Sie war gelöster, friedlicher und es gab nicht einen aggressiven Anfall in dieser Zeit. Als Resümee kann ich nur sagen: Danke für den Urteilchen-Haussegen. Er ist ein wahrer Segen, Friedensstifter, Harmonisierer. Ich möchte ihn nicht mehr missen, Danke.

Bernd W. - Erfahrungsbericht zum Haussegen

Im Januar 06 habe ich zwei Urteilchen-Haussegen gekauft, wovon ich je einen in meiner Geschäfts-Wohnung und einen in meiner Privat-Wohnung zentral aufgestellt habe. Schon nach wenigen Tagen konnte ich eine harmonischere Atmosphäre feststellen. Man war einfach gelassener. Ferner verbesserte sich die Schlaf-Qualität beträchtlich. Ich war spürbar besser ausgeschlafen, egal in welcher Wohnung ich gerade übernachtete!

Jetzt, nach zwei Monaten, habe ich einfach täglich eineinhalb Stunden früher ausgeschlafen. Dabei fühle ich mich frisch, fit und mindestens so leistungsfähig wie zuvor. Der Urteilchen-Haussegen und das dadurch ermöglichte Pallas-Seminar ist das Wertvollste, was mir in den letzten zehn Jahren zugefallen ist. Ich bin von Herzen dankbar!

Judith O. - Erfahrungsbericht zum Haussegen

Vorab muss ich vielleicht kurz erwähnen, dass ich zurzeit in einer Lebensphase bin, wo ich sehr viel mit Bovis-Einheiten arbeite, experimentiere und austeste.

Nun, als ich die Kugel bekam, habe ich sofort nachgemessen, wie viel Energie denn in ihr steckt. Ich habe 40.000 Bovis-Einheiten rausbekommen! Bis dahin habe ich noch nie irgendetwas ausgetestet, das annähernd diesen Wert hatte! (Erst vor ein paar Tagen habe ich den gleichen Wert ertestet, nämlich bei der Sonne, die mich angeschienen hat). Ich habe dann etliche ‚Experimente' gemacht. Hauptsächlich mit Lebensmitteln. Ich habe z. B. einen frisch gekauften Apfel auf seinen Wert getestet und hab ihn dann einfach auf den Küchentisch gelegt (meine Kugel ist in der Küche platziert). Nach einer Stunde war der Wert schon um einiges höher. Er hat sich mit jeder Stunde gesteigert! Nach einem Tag hatte der Apfel, der vorher so um die 8000 Bovis-Einheiten hatte, einen Wert von fast 20.000! Ich hab in den folgenden Tagen viele Lebensmittel ausgetestet und alle, besonders die Bio-Produkte, steigerten enorm ihre Energie.

Dann hab ich noch ausprobiert, ob die Strahlen wirklich durch die Zimmerwände gehen. Meine Kugel ist im Erdgeschoss und ich habe einen Apfel auf das Bett meiner Tochter gelegt, das im ersten Stock liegt - und zwar nicht oberhalb der Küche, wo die Kugel liegt, sondern sozusagen quer nach oben. Welche Freude, die Bovis-Einheiten haben sich nach ein paar Stunden auch bei diesem Apfel stark erhöht! Also war das der Beweis, dass die Strahlen wirklich durch die Mauern gehen und zwar im ganzen Haus! Zusammenfassend kann ich nun sagen, dass ich echt sehr froh über diesen Urteilchen-Haussegen bin. Wenn ich mir vorstelle, dass wir den ganzen Tag mit diesen hohen Energien umgeben sind - einfach unglaublich, - unglaublich schön!

Hilde B. - Erfahrungsbericht zum Haussegen

Im Dezember 2005 bezog ich den Urteilchen-Haussegen. Für mich war er wie ein Schatz, den ich erst nach Weihnachten an seinem schönen Platz im Schlafzimmer aufstellte.

Die ersten paar Tage nahm ich die Kugel auch ganz nah an mich. Ich empfinde, dass sie sehr fein wirkt, d. h. auch mit der Kugel im Zimmer konnte und kann ich gut schlafen. Oft schlafe ich bei feinstofflichen Veränderungen erstmal nicht so gut, weil die Veränderung zu groß ist. Meine Tochter (zwei Jahre) schläft, seitdem die Kugel im Zimmer steht, besser und während der Nacht länger am Stück, worüber ich natürlich sehr froh bin.

Es ereignete sich noch etwas, das ich auch mit dem Haussegen in Verbindung bringe. Ich suchte nach meinem Geldbeutel und fand ihn nicht. Ich dachte schon daran, dass er mir aus meiner Jackentasche gefallen war und irgendwo im Schnee lag und es schneite immer noch. Also setzte ich mich hin, konzentrierte mich auf ihn und bat um Führung. Einige Zeit später war ich auf der Toilette und griff ganz intuitiv in das unterste Regalfach, wo normalerweise nur Handtücher liegen. Da bekam ich plötzlich meinen Geldbeutel in die Hand. Darüber war ich sehr dankbar. Ich bringe es mit dem Urteilchen-Haussegen in Verbindung, dass dadurch die geistigen Helfer meine Intuition verstärkten. Auch merke ich viel besser, was für mich gut oder weniger gut ist.

Im Großen und Ganzen bin ich zufrieden mit dem Urteilchen-Haussegen und werde mir, sobald es mir möglich ist, noch weitere Urteilchen-Produkte, sowie den Film über das Urteilchenseminar zulegen.

Vera E. - Erfahrungsbericht zum Haussegen

Mein Leben hat sich durch den Haussegen nicht grundlegend geändert. Aber mein Gefühl ist, dass vieles, was in mir schlummerte, was als Samen in mir angelegt war und ans Tageslicht wollte, dass dieses wie in einem Zeitraffer nun nach außen drängte und sich zeigt.

Ich empfinde nicht mehr nur ein wenig Dankbarkeit gegenüber vielem, sondern jetzt ist es so, als sei mein Leben von Dankbarkeit durchdrungen. Dieses Empfinden begleitet mich durch den Alltag. Es beginnt mit dem warmen Wasser aus dem Wasserhahn, findet sich wieder in der Wärme einer geheizten Wohnung oder an der Freude, eine warme Mahlzeit einnehmen zu dürfen.

Vor allem aber zeigt es sich in den vielen Momenten von Selbstkritik, die mir täglich in inneren Gesprächen begegnet. Die Urteilchen-Energie erschreckt mich nicht mehr, sondern ich nehme sie als gute Freundin und Helferin zum Wachstum wahr. Es ist, als habe sich eine größere Bewusstheit in mir ausgebreitet. Es ist ein kleines Stück Langsamkeit in mein Leben gekommen, ein mehr Hinspüren, ein mehr Daseinwollen und ein Dasein mit dem Augenblick. Manchmal sind es nur Sekunden oder ein Atemzug, dann auch Minuten, aber sie sind da. Manchmal bin ich aus dem Bauch heraus grundlos vergnügt. Seit ein paar Wochen hat sich ein neuer Gedanke in mein Leben geschlichen: „Was tut es mir Gutes?" frage ich mich ganz oft über den Tag. Die Antwort ist häufig nur die Freude an dem, was unser Leben selbstverständlich macht; doch selbstverständlich ist natürlich nichts. Auch ein Stück Leichtigkeit hat sich meiner bemächtigt.

Der Haussegen ist für mich wie ein kleiner Lebensgefährte geworden, der da in der Mitte meiner Wohnung an seinem Platz hockt, kugelrund und freundlich und mir still und leise ohne mein aktives Zutun Gutes tut.

Uta J. - Erfahrungsbericht zum Haussegen

Seit Anfang Dezember 2005 habe ich die Urteilchen–Haussegen Kugel in meinem Besitz. Das Anwesen ist schon seit drei Jahren entstört und die Betten stehen strahlungsfrei. Doch mit der Kugel kam spürbar eine wundersam neue Energie in unser Haus und in meine Praxis.

Schon am zweiten Tag nach der Beheimatung der Kugel bei uns kamen drei Patienten nacheinander und schenkten mir Lilien. Mein Haus füllte sich mit diesem wunderbaren Duft, als Zeichen ihrer pflanzlichen Liebe für die Energie dieser Kugel. Eine äußerst sensible Patientin kam herein, rieb sich plötzlich die Arme und meinte: „Hier hat sich die Schwingung noch mehr erhöht. Wodurch?" Ich selber merkte, wie mein Vertrauen für eigene, neue Arbeitsweisen in den Therapien wuchs. Noch signifikanter veränderte sich mein privates und soziales Umfeld. Ich hatte meinem Mann bewusst nichts über die Energie der Kugel gesagt, um Objektivität zu wahren. Doch spürbar wandelten sich partnerschaftliche Wogen in sanftere Wellen, die Gesprächs-Ebenen öffneten, und damit emotionale Berührbarkeit und Belastbarkeit für Unvorhergesehenes nun ermöglichten. Für mich erlebte ich tiefe Dankbarkeit, dass ich mich jeden Tag erneut und bewusst von dieser öffnenden, weichen Energie umhüllt fühlen darf. Und ich sage den Engeln meinen tiefen Herzensdank und gleichfalls den geistigen Wegbegleitern, die mir diese Kugel durch Herrn Weigerstorfer vermittelten. Danke.

Rita P. – Erfahrungsbericht zum Haussegen

Ich brauchte etwas Zeit, um mich über meine Erfahrungen zu dem Haussegen klarer ausdrücken zu können.

Zuerst empfand ich ihn als harmonisierend. Jedoch war es so, dass vieles das lau war, aufgedeckt wurde und in Schwingung geriet.

Partnerschaftliche Veränderungen empfand ich so, dass ich mich freier fühlte, Dinge ansprechen konnte und im Großen und Ganzen den Lola-Effekt verspürt: loslassen, loslassen, frei sein.

Auch mein Sohn ist dadurch freier geworden. In unserem Haus ist auch spürbar mehr Frieden eingekehrt, obwohl hier viele Nationalitäten zusammenwohnen. Außerdem empfinde ich wesentlich mehr Lebensfreude. Früher war es oft ein Funke der tief verborgen plötzlich hochschoss. Jetzt denke ich an die Freude und schon ist sie da – meistens zumindest.

Ich erinnere mich, mit der Angst war es genauso. Sie saß tief in mir und schoss aus dem Nichts hoch. Sie war Teil von mir, saß irgendwo im Blut und war unkontrollierbar, eine Art Verzweiflung die mir die Kehle zuschnürte. Ich hatte jahrelang darunter gelitten. Jetzt hat sie sich transformiert und hat sich in Freude verwandelt.

Susanne H. – Erfahrungsbericht zum Haussegen

Hier ist nur endlich meine Rückmeldung zum Haussegen. Meinen ersten Haussegen bekam ich Ende 2005. Er sieht schön aus und fasst sich angenehm an. Ich stellte ihn ins Esszimmer, das ans Wohnzimmer angrenzt.

Die deutlichste Wirkung glaube ich an den Pflanzen sehen zu können, die um den Haussegen herum prächtig gedeihen. Falls mal eine kränkelt, stelle ich sie in die Nähe des Haussegens. Als wir im Februar im Urlaub waren, stellten wir sämtliche Pflanzen drum herum und alle genossen es sehr. Dasselbe hatte ich bereits bei meinem Hibiscus mit den Urteilchen-Produkten festgestellt: Er mickerte vorher ohne Blüten. Doch als die Urteilchen-Produkte um ihn herum platziert waren, blühte er dann prächtig. Als ich sie wegnahm und woanders hinstellte, war er fast sauer und blühte kaum noch.

Die Atmosphäre zu Hause ist insgesamt entspannter und liebevoller geworden.

Seit kurzem habe ich jetzt auch einen Haussegen in meiner Praxis stehen. Die Atmosphäre ist auch dort sehr angenehm und leichter geworden. Ich habe den Eindruck, als ob weniger negative Energien hängen blieben. Auch hier reagieren die Pflanzen stark, vor allem aber der Hibiscus meiner Kollegin. Er streckt sich und blüht eigentlich sofort seitdem der Haussegen hier einzog. - Meine Kollegin, die vom Haussegen nichts weiß, wundert sich. - Und der große Farn, der etwas angeschlagen im Flur steht, fängt an, sich zu erholen. Mehrfach hatte ich den Eindruck, einen kleinen Engel im Farn wahrzunehmen.

Vielen Dank dafür!

Evelyn W. – Erfahrungsbericht zum Haussegen

Ich habe von meiner Mutter den Urteilchen-Haussegen geschenkt bekommen und bin ganz glücklich darüber.

In meiner Wohnung ist eine viel bessere Schwingung und ich kann mich schneller regenerieren und auch gut schlafen.

Ich lese gerne und finde nun dazu die nötige Muse und Ruhe. Auch meine Meditationen sind von einer sehr feinen Schwingung begleitet.

Ich habe kein schlechtes Gefühl mehr, wenn ich an all die Mobilfunksmasten denke und überhaupt, was in so einer großen Stadt alles an Energiefeldern aufgebaut wird. Davor kann man nicht genug geschützt sein.

Ich wünsche Ihnen weiterhin noch mal soviel Schaffenskraft und Ideen.

Manuel W. – Erfahrungsbericht zum Haussegen

Meine Mutter hat mir einen Urteilchen-Haussegen geschenkt und ich fühle mich sehr gut und ausgeruht, wenn ich morgens schon um sieben Uhr zu arbeiten beginne.

Ich bin sportlich sehr aktiv. Fürs Klettern trainiere ich zwei- bis dreimal pro Woche und bin trotzdem den ganzen Tag fit, obwohl ich jeden Tag nie weniger als zehn Stunden arbeite.

Dieses Jahr hatte ich zum ersten Mal keinen Heuschnupfen, obwohl ich fast keine homöopathischen Mittel eingenommen hatte.

Vor zwei Monaten bekam ich einmal einige Tage lang Zahnschmerzen. Mein Zahnarzt wollte mir den Zahn Wurzelbehandeln, ich habe aber abgelehnt. Bis heute hatte ich keine Zahnschmerzen mehr und der Zahn ist noch immer in meinem Mund.

Nicole B. – Erfahrungsbericht zum Haussegen

Seit Anfang Mai haben wir einen Haussegen. Ich war sehr gespannt auf das, was da geschehen würde.

Zuerst habe ich mit dem ‚Energiependel Maria' den richtigen Platz ausgependelt. Im Laufe der vergangenen Wochen habe ich festgestellt, dass der Haussegen bei uns wechselnde Standorte braucht. Diese pendle ich jedes Mal neu aus. Eine ganze Zeit stand der Haussegen in unserer Garage in einer Ecke direkt in der Nähe der Grenze zum Nachbargrundstück, auf dem ein Mehrfamilienhaus steht. Dort gibt es u. a. zwei kleine Wohnungen, in denen immer wieder seltsame Leute gewohnt haben. Nun sind aus beiden Wohnungen die Mieter ausgezogen und ein neuer Mieter, der inzwischen schon eingezogen ist, macht einen ganz normalen Eindruck. Die andere Wohnung wird nun zur allgemeinen Überraschung von der Vermieterin gründlich renoviert, was schon längst hätte getan werden müssen.

Als der Haussegen neu bei uns war, konnte ich mich einige Tage lang an meine Träume erinnern, was sonst selten der Fall ist. Mein Mann berichtete mir, dass das bei ihm auch so sei.

Ich habe das Gefühl, dass ich mit der mir zur Verfügung stehenden Zeit besser zurechtkomme. Auch meine jüngere Tochter bekommt ihre Hausaufgaben besser in den Griff als sonst.

Beim Essen meine ich, schneller ein Sättigungsgefühl zu bekommen. Ich habe zwar keine Figurprobleme, habe aber häufig mehr gegessen, als mir eigentlich gut tat. Meine ältere Tochter nimmt im Moment erfolgreich ab, ohne sich einschränken zu müssen. Außerdem kommen mir warme Mahlzeiten heißer vor, als früher.

Ich habe schon seit vielen Jahren immer wieder Rückenprobleme. Nun habe ich vor zwei Wochen eine neue Therapie begonnen, die ich in der Vergangenheit aus den verschiedensten Gründen nicht in Angriff genommen habe. Unter anderem deswegen, weil sie mir als zu zeitintensiv erschien. Zu meiner Überraschung lässt sie sich bisher gut in meinen Alltag integrieren und ich bin gespannte, was mir diese Behandlung bringen wird.

Mit großem Interesse habe ich auch die Sammlung der anderen Erfahrungsberichte gelesen.

Waltraud A. – Erfahrungsbericht zum Haussegen

Der Haussegen steht bei mir in der Naturheilpraxis. Die Patienten fühlen sich ausgeglichen und möchten gar nicht mehr gehen. Es ist eine sehr schöne Energie im Raum.

Dann habe ich den Haussegen ins Esszimmer gestellt, um ihn da zu testen. Ich habe festgestellt, dass es bei den Mahlzeiten und bei den Gesprächen harmonischer zugeht.

Ich habe den Haussegen schon mehrmals weiterempfohlen, doch lassen sich leider viele Patienten durch den Preis abschrecken.

Da ich selbst energetisch arbeite, ist er für mich eine große Hilfe.

Vielen Dank.

Rosa B. - Erfahrungsbericht zum Haussegen

Seit ich den Haussegen bei uns im Haus zentral aufgestellt habe, geht irgendwie alles leichter. Kontakte zu Menschen, die ich von früher kenne und die mir eigentlich wichtig sind, hatten den spontanen Wunsch, sich einmal wieder zu melden oder mich zu besuchen.

Auch Situationen, die bisher schwierig schienen, lösten sich in Wohlgefallen auf. Menschen, die vorher Kälte ausstrahlten, sind freundlich geworden.

Das Handy meiner Tochter funktioniert im Umfeld von circa fünf Metern zum Haussegen schlechter als bisher, was sie dazu veranlasst, es seltener im Haus zu benutzen. Dies ist ein sehr angenehmer Effekt, der heute ohne Worte funktioniert.

Maria-Anne L. (Heilpraktikerin) – Erfahrungsbericht zum Haussegen

Zunächst war für mich nichts Konkretes spürbar. Ich stellte die Kugel mit ihrem kleinen Sockel auf.

Dann las ich das Büchlein *Der Urteilchen-Haussegen - Erfahrungsberichte*. Dadurch habe ich den Haussegen als ‚energetischen Transformator' begriffen und ihn bei uns willkommen geheißen.

Als erstes habe ich dazu die Amethyststeinchen, die beigelegt waren, ausgepackt, gewaschen und an der Sonne getrocknet. Auch die Kugel darf immer wieder einmal einen Tag draußen in der Sonne stehen, sich reinigen und regenerieren. Dann kommt sie wieder an ihren Platz auf das Amethystenbett und ich bitte sie um Unterstützung für die heilenden Prozesse in unserem Haus.

Seit dem tut sich deutlich mehr bei uns.

Wir haben eine äußerst entspannte, heiterere und liebevollere Atmosphäre im Haus. In der Praxis ist eine angenehme Kraft und Konzentration spürbar.

Vielen Dank!

Ich habe es nicht bereut, den Tipp meiner Schwester anzunehmen und den Haussegen zu bestellen.

Elisabeth S. – Erfahrungsbericht zum Haussegen

Seit Januar 2006 habe ich einen mittlerweile sockellosen Urteilchen-Haussegen in der Mitte meiner Wohnung, die auch in etwa die Mitte des Wohnhauses darstellt, aufgestellt.

Die Wohnung ist nach Feng Shui eingerichtet und alle negativen Störfelder wurden neutralisiert. Bei schweren Gewittern entladen sich die Blitze nun nicht mehr direkt über dem Haus und starke Winde bremsen sich ein.

Jetzt beobacht ich weiter, wie es bei extremer Hitze anders ist.

Es gibt keine Klimaanlage, noch Markisen oder Rollläden vor den Fenstern, nur Rollos auf der Raumseite der Fenster.

Hübsch wäre auch ein Zimmerbrunnen mit Urteilchen-Haussegen.

Kati B. – Erfahrungsbericht zum Haussegen

Hier ein kurzer Bericht über unseren Urteilchen-Haussegen. Am 5. Mai 2006 kam die violette Glaskugel endlich mit der Post zu uns. Sie bekam ihren Platz im Obergeschoss, wo die Kinderzimmer und Schlafräume sind. Als ich die Kugel bei meiner Freundin das erste Mal sah, zog sie mich schon sofort an.

Ein Grund, weshalb ich den Haussegen bestellte war jedoch, dass wir im Haus viele elektrische Geräte haben. Meine Söhne, die achtzehn und vierzehn Jahre alt sind, sitzen oft vor ihren PCs und ich suchte eine Lösung, uns vor den elektrischen Strahlungen und auch vor allem Wasseradern in unserem Haus zu schützen.

Seit die violette Kugel bei uns im Haus ist, habe ich das Gefühl, dass die Atmosphäre in unserem Haus angenehmer und harmonischer geworden ist. Meine Söhne streiten sich nicht mehr so häufig und wenn doch, dann ist alles schnell wieder vergessen. Mein Mann kann viel besser schlafen und ist auch viel ausgeglichener. Sehr auffällig war, dass mein ältester Sohn in der ersten Woche sehr viel geschlafen hat. Ich fühle mich wohl und habe aufgeschobene Sachen in Angriff genommen, die mir jetzt leicht von der Hand gehen.

Ich kann nicht sagen, ob das im Zusammenhang mit unserem Haussegen steht: Unsere Nachbarskatze stromerte immer bei uns auf der Terrasse herum; jetzt ist sie schon lange nicht mehr bei uns gewesen.

Heute habe ich unsere violette Kugel ins Wohnzimmer gestellt und ich bin gespannt, was ich noch entdecken werde.

Maria G. – Erfahrungsbericht zum Haussegen

Hier der versprochene Bericht für die erste Haussegen-Kugel, die ich einer krebskranken Freundin überließ, um ihr während der Krankenhausaufenthalte bei der Reinigung der Atmosphäre, der Minderung der Strahlungsschäden und ihrer Heilung zu helfen. Am Ende habe ich die Kugel nicht wiederbekommen.

Die Kugel habe sich ganz auf ihre Heilung eingestellt und tue ihr sehr gut. Das freut mich natürlich.

Tobias B. – Erfahrungsbericht zum Haussegen

Durch eine Verwandte haben wir im Vorfeld schon viel Positives über den Urteilchen-Haussegen gehört. Deshalb konnten wir, also meine Frau und mein 10-jähriger Sohn und ich, es kaum erwarten, ebenfalls einen Haussegen bei uns im Hause zu haben.

Als wir die Urteilchen-Haussegenkugel aus der Verpackung nahmen, waren wir alle sehr beeindruckt vom Leuchten und Strahlen der lila Kugel. Sie erhielt sofort einen zentralen Platz in unserem Hause – nämlich im Flur. Hier ist ein ständiges Kommen und Gehen und der Haussegen zieht jedes Mal alle Blicke auf sich.

Bereits in den ersten Tagen stellten meine Frau und ich einen wesentlich intensiveren Schlaf fest. Wir wachen seither morgens ganz entspannt und frisch auf.

Seitdem der Haussegen bei uns ist, hält sich auch unser Sohn viel lieber im Haus auf und lädt noch öfters seine Freunde zu uns ein. Auch können wir beobachten, dass er ruhiger und ausgeglichener geworden ist.

Im Erdgeschoss des Hauses wohnen meine Eltern. Auch Sie haben seither einen wesentlich tieferen Schlaf. Vor bzw. bei Vollmond hatte vor allem meine Mutter extreme Einschlaf- und Schlafprobleme. Das hat sich in den letzten zwei Monaten sehr zum Positiven gebessert.

Ich habe das Gefühl, dass die gesamte Atmosphäre im Haus viel angenehmer und ruhiger geworden ist. Weitere Veränderungen konnten wir bislang noch nicht feststellen. Es wird aber sicherlich spannend bleiben, was der Urteilchen-Haussegen noch für positive Überraschungen für uns parat hat.

Anneliese F. – Erfahrungsbericht zum Haussegen

Zuerst will ich gleich einmal vorab aussprechen, was für eine tolle, gigantische Tatsache die Existenz der ganzen Urteilchen-Produkte ist. Ich darf es immer wieder bei mir und meinen Freunden miterleben, was die Urteilchen alles bewegen und dass viel Positives durch sie geschieht.

Wo soll ich beginnen? Nun, es ist so unglaublich und phantastisch, was geschehen ist und was immer noch geschieht, seit ich die Urteilchen-Kugel habe.

Ich mache, seit ich den Urteilchen-Strahler besitze, ja regelmäßig die Chakren- und Aurastärkung. Ab dem Moment, als die Urteilchen-Kugel bei mir im Wohnzimmer stand, habe ich in beiden Handflächen die Anwesenheit von Jesu Christus, den Geistigen Helfer, der Gottesmutter Maria und

Sascha Mo gespürt und gefühlt. Meine Hände fühlen sich an, als ob ich an einer tausend Volt-Leitung hängen würde. In meinem Herzen habe ich eine Glückseligkeit und eine Dankbarkeit für die Gottesnähe empfangen.

Mein lieber Bruder kam über Weihnachten zu mir auf Besuch. Der Ärmste war gesundheitlich ziemlich angeschlagen: Er kam gerade von einer Operation aus dem Krankenhaus und wurde dort durch ein unglückliches Missgeschick an beiden Gesäßbacken verätz. So konnte er weder gut sitzen noch liegen. Mein Bruder hat schon immer den gleichen Platz auf meinem Sofa. Diesmal setzte ich mich jedoch auf seinen Platz und empfahl ihm, vorne zu sitzen. Warum, wusste ich nicht. Jetzt ist es mir aber klar: Mein Bruder saß nämlich nun genau einen Meter vor der Urteilchen-Kugel. Er konnte die ganze Nacht schlafen ohne vor Schmerzen aufzuwachen. Ist das nicht toll!

Ich hatte mir einen schönen Tannenbaum besorgt, der vom Fachmann schon unten am Stamm für den Ständer zurechtgeschnitten worden war. Zu Hause - oh Schreck - war der Stramm zwei Zentimeter zu dick. Also machte ich mich daran, dieses Übel zu ändern. Oh je, dann war es soweit! Ich hievte den Tannenbaum in den Ständer. Peng! Da lag er wieder am Boden. Noch einmal das gleiche Spiel: Peng, da lag er wieder vor mir.

Nach zwei Stunden stellte ich den Baum patschnass geschwitzt, am Boden zerstört und dem Heulen nahe, in den Wasserkübel zurück, setzte mich in die Ecke aufs Sofa, schloss die Augen und schlief ein. Eine dreiviertel Stunde später läutete das Telefon und eine gute Bekannte rief mich an. Ich wechselte ein paar nette Worte mit ihr. Danach saß ich in meiner Ecke und mit einmal wurde mir bewusst, wie gut ich mich fühlte. Ich musste aus heiterem Himmel über meine Christbaum-Aktion lachen.

Ich bin überzeugt, dass mich die Urteilchen-Kugel so harmonisiert hat.

Immer wenn ich nun meine Wohnung betrete, spüre ich sofort diese wunderbare Energie. Im Wohnzimmer wachsen meine Pflanzen. Es ist eine wahre Freude.

Christa M. – Erfahrungsbericht zum Haussegen

Heute möchte ich einen kurzen Erfahrungsbericht über die Urteilchen-Haussegen Glaskugel abgeben. Seit der ersten Dezemberwoche steht die Kugel auf meinem Schreibtisch in der Praxis.

Die erste Woche habe ich wenig darauf geachtet. Ich habe es einfach nur hingenommen, dass sie da war. Nach zwei Wochen ist mir ganz deutlich aufgefallen, dass einige Patienten, die früher in ihren Gesprächen oftmals sehr stark emotional und aggressiv waren, plötzlich viel ruhiger blieben.

Die Gespräche waren produktiver und weniger von Hass und Wut begleitet. Die Atmosphäre des Raums wurde noch positiver als vorher. Weiter spüre ich täglich noch mehr Ausdauer und Konzentration für meine Arbeit. In den letzten sechs Wochen ist es zu keiner Minute passiert, dass meine Gedanken woanders als bei dem Patienten waren, selbst wenn ich mit meinen 68 Jahren bis zu sieben Stunden durchgearbeitet habe. Ich bin u. a. auch HUNA-Lehrerin und habe die Kugel ein wenig programmiert. Sollte ich einmal etwas müde und unkonzentriert sein, fasse ich einfach mit der Hand auf die Kugel und schwups, bin ich wieder frisch.

Ich möchte keine Doktorarbeit darüber schreiben, aber ich habe festgestellt, dass ich weniger Zeit und weniger Energie brauche, wenn ich meine täglichen Reinigungszeremonien im Raum mache. Es ist so, als würden sich die negativen Schwingungen der Menschen nicht mehr so stark anhaften können. Kurzum, kann ich sagen, dass der Urteilchen-Haussegen für mich sehr positiv ist und sicher auch für viele Menschen, die ihn benutzen wollen, hilfreich sein kann. Ich bin Euch dankbar, denn ich spare mir dadurch viel Kraft, die ich nun gut für andere Zwecke einsetzen kann.

Manfred R. – Erfahrungsbericht zum Haussegen

Beginn des Testes: 18.12.2005
Messtechnik: Physikalisch-medizinische Radiästhesie (PMR)

Bei der physikalisch-medizinischen Radiästhesie werden keine Abfragen im Sinne der mentalen Radiästhesie vorgenommen, sondern man beschränkt sich auf die Wahrnehmung der feinstofflichen Energieprozesse mittels der am Anwendungsgerät angeschlossenen Einhandrute.

Da die PMR-Methode ein objektives Verfahren darstellt, gelten diese Aussagen unabhängig davon, wer den radiästhetischen Test durchführt.

In Verbindung mit der Bioresonanz nach P. Schmidt, bei der definierte Frequenzbereiche untersucht werden, ermöglicht diese in der Praxis einfach anzuwendende Methode eine qualitative und damit eindeutige Beurteilung der energetischen Situation auf der jeweils gewählten Frequenz.

Ein für mich persönlich wichtigeres Kriterium ist jedoch unabhängig von Testmethoden und dem Einsatz von Harmonierungsgeräten. Ich spreche hier von der persönlichen Befindlichkeit, d. h. wie ich mich am Abend fühle und wie ich am Morgen aufwache. Dies gilt ebenfalls für meine Frau, die sich als weitere, neutrale Testperson zur Verfügung gestellt hat. Wir können auf eine fast zwanzigjährige Erfahrung mit inzwischen ungezählten diversen Testartikeln zurückblicken.

Mir wurde von diversen Rutengängern, ganzheitlichen Ärzten, Heilern, Feng-Shui-Beratern usw. mitgeteilt, dass in meiner Wohnung aller Voraussicht nach, wie sie sagt, „nichts zu machen sei“ und so endeten alle Versuche in dieser Richtung. Alle Einflüsse die nicht in eine Wohnung gehören, bis hin zu Radar usw. sind in meiner Wohnung vorhanden. Sogar ein mir persönlich bekannter Rutengänger, der mit selbst entwickelten Harmonisierungsartikeln sehr gute Erfolge in sogar schwer belasteten Häusern gemacht hatte, musste in meinem Fall kapitulieren. Ich habe natürlich immer wieder versucht, selbst Abhilfe zu schaffen und habe sehr vieles ausprobiert, aber leider nur mit mäßigem Erfolg. Zuletzt habe ich ernsthaft überlegt auszuziehen, auch wenn das beruflich gesehen aus verschiedenen Gründen mit etlichen Nachteilen verbunden gewesen wäre, da ich freiberuflicher Berufsziel-Berater bin.

Befinden bei Testbeginn:

Meine Frau und ich hatten seit einiger Zeit diverse körperliche Probleme. Bei meiner Frau wurde dann kürzlich noch festgestellt, dass sich ihre Schilddrüse verabschiedet hatte, also nicht mehr funktionierte. Ich selbst habe hohen Blutdruck und vieles andere mehr. Ich musste bereits einmal ins Krankenhaus eingeliefert werden. Mein Hausarzt hat mir dringend geraten, die verschriebenen Medikamente zu nehmen, auch wenn ich das nicht unbedingt möchte, ansonsten… Teilweise kann ich einiges mit ganzheitlichen Methoden auffangen, aber das reicht nicht aus. Ich besitze sogar starke Heilkräfte, wie mir von Freunden, Bekannten etc bestätigt wurde. Eine paradoxe Situation, wie Sie sich vorstellen können. Ich frage mich, wie ich überhaupt anderen Menschen bei so einer Situation noch helfen kann. Eigentlich müsste ich kerngesund sein, aber das bin ich nicht. Die Wohnung ist zu einem hohen Maß an diesen ganzen Befindlichkeitsstörungen beteiligt.

Auf der anderen Seite interessiert mich der ganzheitliche Bereich sehr. Auch die med. Radiästhesie, an die ich vor vielen Jahren offenbar nicht zufällig herangeführt worden bin, hat es mir angetan. Bislang habe ich die Hoffnung nicht aufgegeben, vielleicht doch noch etwas zu finden, was weiterführend sein könnte. Allerdings ist - oder besser gesagt war - die Schmerzgrenze fast erreicht, wenn man zehn Jahre lang in einer Wohnung alles versucht hat und nichts dabei raus kam.

Unsere Erfahrungen:

Bei Testbeginn waren meine Frau und ich schon seit mehreren Wochen stark erkältet, hatten Atembeschwerden und Husten, der einfach nicht weichen wollte. Bereits einen Tag nachdem der Urteilchen-Haussegen aufgestellt worden war, waren diese Symptome verschwunden! Weiter sind morgens immer unsere Nasen blockiert. Ich weiß aus Erfahrung, dass vielen Personen bei erhöhter Strahlung die Nasenschleimhäute anschwellen. Meine Frau reagiert, wie auch ich, sehr empfindlich auf Strahlung. Bei meiner Frau, die sich mit dieser Thematik überhaupt nicht beschäftigt, kam das Anschwellen der Schleimhäute erst mit der Zeit. Auch bei ihr waren die Symptome sofort verschwunden. Wir waren ganz begeistert.

Nach gut einer Woche begann sich dies aber langsam wieder zu ändern, was mich wunderte. Daraufhin habe ich den Haussegen an eine andere Stelle gestellt und hatte zu meiner großen Überraschung plötzlich ganz andere energetische Verhältnisse in meiner Wohnung. Meine Nase war wieder völlig zu. Mit der Rute habe ich festgestellt, dass offenbar eine Schiebewirkung der energetischen Felder nicht ausgeschlossen werden kann. Entsprechend Ihrer Prospekthinweise dürfte das nicht sein und auch ich hatte an dem Ergebnisse meine Zweifel. Dann habe ich die Kugel in alle möglichen Positionen gebracht (z. B. die Fußplatte der Kugel seitlich oder nach oben etc.) – und sofort waren wieder ganz andere Strahlenverhältnisse in der Wohnung spürbar! Die Frage war für mich: Inwieweit beeinflusst ggf. die Fliesenplatte und die Korkplatte der Kugel bzw. deren Form die Wirkung des Urteilchen-Haussegens. Dann habe ich auf eigene Kappe die beiden Bodenplatten vorsichtig von der Glaskugel gelöst und die Kugel ohne alles auf den Boden gestellt.

Das Ergebnis war überraschend: Erheblich bessere, harmonischere Verhältnisse. Nahezu nichts war mehr im negativen Bereich messbar![3]

Mir hat es allmählich gedämmert, dass es ganz wesentlich ist, welche Halterung die Kugel hat. Es kann sogar sein, dass in einer ganz normalen Wohnung überhaupt keine großen Unterschiede feststellbar sind. Sobald eine Wohnung aber wirklich massiv gestört ist, dürften sich die Unterschiede auch entsprechend zeigen.

Hab es zunächst selbst nicht geglaubt, aber es zeigte sich sofort im Schlafverhalten bei meiner Frau und mir. Sie wusste nicht, dass ich etwas verändert hatte.

Es kann sein, dass diese Fliese bereits die Wirkung meiner Kugel geschwächt hat.

---

[3] Anmerkung des Verfassers: *Der Haussegen wurde nur in der Testphase mit Kork- und Fliesenplatte geliefert. Zur effektiveren Energieausnutzung ist er nun mit der Urteilchen Glasschale ausgestatten worden, die auch für sich zur Herstellung von Sonnen-Globuli verwendet werden kann.*

Für mich ist mit dem Bezug des Urteilchen-Haussegens Weihnachten wieder erlebbar geworden.

Nun bin ich der Meinung, dass ich Ihnen ganz sicher nicht so ausführlich hätte antworten müssen. Mir ging es hier aber einfach darum auch mal über den Tellerrand zu schauen, damit auch andere davon vielleicht profitieren können.

Helga S. – Erfahrungsbericht zum Haussegen

Sehr geehrte Damen und Herren,

über den Urteilchen-Haussegen kann ich folgendes berichten. Ich fühle mich in meiner Wohnung wohler als je zuvor und freue mich, wenn ich die Kugel sehe und muss oft darüber streichen. Die Kugel hat eine wohltuende Ausstrahlung.

Eleonore K. - Erfahrungsbericht zum Haussegen

Ich habe die Haussegen-Kugel seit Januar in meiner Wohnung und bin sehr zufrieden. Obwohl ich schon mit dem Orgon-Strahler arbeite, habe ich das Gefühl, dass noch Rest-Strahlung behoben wird. Ich denke, mein Körper hat sich in der Zeit auch noch mit Ausleitungsreaktionen (manchmal sehr heftig) entgiftet.

Karin B. – Erfahrungsbericht zum Haussegen

Meine beiden Haussegen habe ich im Dezember 2005 erhalten. Den ersten Haussegen habe ich an einem zentralen Platz bei uns im Haus aufgestellt. Ich kann nicht sagen, ob der Haussegen irgendeine Wirkung zeigt. Es gibt ihn in unserem Leben und er begleitet uns sozusagen.

Den zweiten Haussegen habe ich an meinem Arbeitsplatz aufgestellt, weil sich durch große Veränderungen viel Aggression und Unzufriedenheit aufgebaut hatten. Auch hier kann ich nicht sagen, ob durch den Haussegen etwas positiv bewirkt bzw. verändert wurde. Vielleicht haben wir uns auch nur inzwischen aneinander gewöhnt, sodass wir uns besser miteinander arrangieren. Eine Zeit lang hatte ich das Gefühl, dass es bei uns friedfertiger geworden sei, aber dann habe ich erlebt, wie ein Kollege bei einer Besprechung ausgerastet ist, obwohl er unter dem Haussegen saß. Die Erfahrungen sind also durchaus gegensätzlich für mich. Trotz alledem fühle ich mich wohl und geborgen mit dem Haussegen. Er gibt mir Schutz und Sicherheit auf meiner Arbeitsstelle.

Ghiba M. – Erfahrungsbericht zum Haussegen

Vor den Sommerferien habe ich den Haussegen erhalten. Ich konnte ihn zum Glück zu meiner damals bevorstehenden Operation mit ins Krankenhaus nehmen. Ich kann nur sagen, dass alles wunderbar geklappt hat und der Heilungsprozess wunderbar verlaufen ist. Selbst der Arzt hat gesagt, dass alles ungewöhnlich schnell heilte. Mit in meinem Krankenzimmer war eine ältere Frau, die mir erzählte, dass sie nicht richtig geschlafen hätte, seit sie im Krankenhaus ist. Dies änderte sich an dem Tag, als ich den Haussegen mit in das Zimmer gebracht hatte. Sie hat in der Nacht zwölf Stunden durchgeschlafen und war am anderen Morgen sehr glücklich.

Bei mir zu Hause habe ich dem Haussegen einen Ehrenplatz gegeben. Nach einiger Zeit fragte ich meine Mitmieterin, ob sie in der letzten Zeit vielleicht eine Veränderung wahrgenommen haben. Diese bestätigte mir, dass sie sich mit ihrem Mann seit dem Sommer wieder besser verstehen würden und dass beide viel ausgeglichener wären.

Selbst die alte Frau, die ganz oben im Haus wohnt, hat nicht mehr so viele Gedankenausfälle: Sie leitet unter Altersdemenz. Sie hat allen Leuten, die auf der Straße am Haus vorbeigegangen sind, alles Mögliche an Essbarem heruntergeworfen. Ihr Müll war immer im falschen Eimer und sie war zeitweise sehr aggressiv. Sie ist viel ruhiger geworden, Seit der Haussegen da ist.

Meine Mutter hatte in den Sommerferien den Haussegen aus dem Kindergarten bei sich zu Hause stehen. Am Anfang hatte sie schwere Probleme mit der Umstellung. Ihr Haus steht in einem stark erdstrahlengeschädigten Gebiet. Sie hatte richtige Entzugserscheinungen und ihre Probleme mit den Knien und Gelenken wurden noch viel schlimmer. Sie war sehr lustlos und saß den ganzen Tag nur auf dem Stuhl oder auf der Couch. Nachdem der Haussegen wieder im Kindergarten war, lebte sie so richtig auf. Anscheinend wirkt mein Haussegen bis zu ihr ins Haus, denn sie hat angefangen, das Haus zu entrümpeln. Sie bestellte den Dachdecker und einige Baumaßnahmen wurden durchgeführt. Sie ist viel ausgeglichener und lebenslustiger als vorher.

Ich konnte meiner Freundin einen Haussegen mitgeben. Auch sie ist in eine komplette Umgestaltung verfallen. Das Haus wurde nach Feng Shui umgeräumt. Alles innere Gerümpel wurde nach vierzehn Jahren dort wohnen bearbeitet. Sie ist voller Energie und es ist mehr Ruhe und eine innere Stille im Haus. Ein besseres Abgrenzen ist möglich.

Es ist einfach wunderbar, wie die positive Atmosphäre mit dem Haussegen wird. Im Kindergarten habe ich noch nie so schön arbeiten können, wie das jetzt der Fall ist. Alle Kinder sind so aufnahmefähig, konzentriert und spielen. Die Kinder sind sehr vertieft, in sich ruhend. Leider weiß ich nicht, ob der Haussegen bis in die oben gelegenen Räume der Schule geht, da wir mit den Lehrern sehr wenig Kontakt haben.

Ich danke Euch nochmals für diese wundervolle Erfindung und empfehle Euch auch weiterhin an alle weiter.

Evelyn K. – Erfahrungsbericht zum Haussegen

Die Ankunft des Haussegens erwartete ich mit Spannung, denn ich versprach mir von ihm Hilfe für meinen weiteren privaten und beruflichen Werdegang.

Spüren konnte ich die Energie schon, als das Päckchen mich erreichte. Bis zum heutigen Tag fand der Haussegen seinen Platz mitten in meiner Wohnung. Lange hatte ich das Gefühl, dass da nichts rüberkomme. Es veränderte sich bei mir persönlich noch nichts.

Unterhalb meines Wohnbereiches befinden sich Büro- bzw. Konferenzräume, in denen es so manches Mal lautstark zuging. Seit ich den Haussegen habe, höre ich nur noch fröhliches Gelächter und ruhig verlaufende Konferenzen. Auch kommen vermehrt Vögel auf meine Fensterbank, die sich einen Moment ausruhen möchten.

Gelesen habe ich in anderen Erfahrungsberichten, dass der Radius des Urteilchen-Haussegens vier Meter beträgt.[4] Wenn das so ist, dann profitiert leider mein Nachbar von diesem Segen nicht mehr. Er ist nach wie vor relativ laut, besonders beim Musikhören. Die enormen Bassanteile der modernen Musik dröhnen erbarmungslos durch die Wände.

Bei mir persönlich hat sich, wie ich oben schon erwähnte, nicht die großartige Veränderung eingestellt. Ingesamt jedoch fühlt sich mein Leben irgendwie anders an. Ich bin überzeugt, dass meine Rekonvaleszenz nach einer Unterleibsoperation schneller und nachhaltiger vonstatten gehen konnte. Es treten in Notsituationen vermehrt neue Impulse, Gedanken und hilfreiche Engel auf. Weiß ich doch, dass neue Veränderungen nur durch mich selbst hervorgerufen werden können und dafür bekomme ich in kleinen Dosen meine entsprechenden Energien.

---

[4] Anmerkung des Verfassers: *Laut Erfinder deckt die Energie des Haussegens mehrere Etagen eines Hauses ab. Dies wurde vom Erfinder ausgiebig getestet.*

Barbara W. - Erfahrungsbericht zum Haussegen und zum Urteilchen-Strahler

Am 2. September habe ich den Urteilchen-Haussegen und den Urteilchen-Strahler abgeholt. Unmittelbar an und nach diesem Septemberwochenende ist ganz Entscheidendes in meinem Leben geschehen. Mein Leben hat sich im Wesentlichen sehr zum Guten gewendet.

Vorausschicken möchte ich noch, dass ich an jenem ersten September-Wochenende eine Aufstellungsarbeit nach Hellinger gemacht habe, die sich über lange Zeit angebahnt hatte und dass ich diese Arbeit anschließend durch Pendeln bei Margreth Ganz in Zürich vertieft habe. Es ging darum, dass so vielen und verschiedenen Seelen der Weg ins Licht gezeigt wurde - so auch einem vorzeitig abgegangenen Zwillingsgeschwister von mir.

Des Weiteren wurde ich am gleichen Wochenende von einer Seminarteilnehmerin auf ein Buch aufmerksam gemacht, welches die Notwendigkeit aufs Beste erklärt, warum es wichtig ist, reichlich Wasser zu trinken.

Ich bin 59 Jahre alt und habe bis jetzt fast gar kein Wasser oder sonstige Getränke zu mir genommen. Genügend Wasser zu trinken, ist inzwischen für mich zur festen Gewohnheit geworden. Da werde ich bestimmt keinen Rückfall mehr erleben.

Sie sehen, es kommt da vieles an Positivem zusammen, was natürlich Früchte trägt.

Nun zu den wunderbaren, von Ihnen entwickelten Instrumenten. Es fing alles damit an, dass ich Gast bei einer Bekannten war, die den Haussegen besitzt. Ich konnte wunderbar schlafen, was bei mir nie der Fall ist, wenn ich auswärts bin. Sie schmunzelte und sagte: „Das ist kein Wunder. Das ist mein Urteilchen-Haussegen, der aufs ganze Haus wirkt."

Nach reiflicher Überlegung beschloss ich, dass sowohl der Urteilchen-Haussegen als auch der Urteilchen-Strahler zu mir kommen sollten, inklusive mitgesandtes Engelwesen.

Hier nun einige Rückmeldungen.

Zum Haussegen:

Der Haussegen bringt eine wunderbare Energie ins Haus. Trotz der vielen Unordnung im ganzen Haus, geht große Harmonie von der Kugel aus. Diese Energie ist für mich sofort spürbar, wann immer ich das Haus betrete.

Es hat sich sehr viel an Unwichtigem und Störendem in meinem Haus angehäuft; so viel, dass ich schon völlig entmutigt war, bevor ich mich überhaupt ans Aufräumen machte. Was darauf folgte, war ein ständiger Druck, endlich Ordnung zu schaffen. Irgendwann kam ich zur Erkenntnis: Das kann nur gut gehen, wenn ich endlich für mich aufräume und nicht, weil ich Besuch erwarte.

Beruflich leiste ich sehr viel und mache durchaus gute Arbeit. Ich arbeite in einem Büro, das noch mit unnötigem und unorganisiertem Papierkram überhäuft ist bzw. war.

Der Unordnung im Büro bin ich mittlerweile zu Leibe gerückt. Die Unordnung zuhause kommt an zweiter Stelle, weil ich damit nicht gleich exponiert bin wie am Arbeitsplatz.

Aber auch sie gehe ich nun mittlerweile ganz konsequent an. Der Druck ist wie weggeblasen. Stattdessen gibt es da ein sanftes Geschoben werden. Die Fernsehzeit beträgt übrigens noch knapp ein Viertel von vorher, ohne dass ich mir dies bewusst so vorgenommen hätte.

Wenn ich zurückschaue, sehe ich die äußerst unharmonische Lebens-Situation einer stark übergewichtigen, hart arbeitenden Single-Frau. Seit Mai bin ich ständig bemüht, abzunehmen, was mir trotz konsequentem Handeln und nach ersten Erfolgen nicht weiter gelang. Es folgte Stagnation. Seit September gelingt mir diesbezüglich alles wieder völlig problemlos.

Nun zum Urteilchen-Strahler.

Seit zwei Wochen begleitet er mich täglich in seinem Köfferchen im Auto zur Arbeit. Ich bitte darum, dass mein Wasser und all das, was ich esse, mir zum Wohl gereichen mögen. Ich nehme täglich Kontakt mit dem Autoschutzengel auf.

Im Büro ist der Strahler selbstverständlich während meiner inzwischen wohl schon zwanzig Stunden dauernden Aufräumaktion dabei. Das mache ich nun nebenher.

Nach der Ferienzeit hat sich im Büro enorm viel an Arbeit angehäuft. Die Arbeitstage sind noch immer sehr überladen, verlaufen jedoch erstaunlich zügig und effizient.

Letztes Wochenende habe ich endlich die Unordnung in meiner Garage in Angriff genommen. Den Strahler habe ich in der Mitte der Garage auf einem Hochregal positioniert.

Die Arbeit ging gut voran. Nach Stunden des Aufräumens legte ich mich für eine Weile hin. Wie ich wieder runterkam, beschloss ich, noch einen Rundgang im Wald zu machen. In der halbdunklen Garage griff ich nach meinen Wanderstöcken und riss, wohl mit deren Schlaufen, den Strahler vom Regal herunter. Es ist weder ein markanter Kratzer noch eine Delle zu sehen und es gab beim Aufprall aus immerhin 1,5 Metern Höhe auch keinen lauten Knall, was ja gut der Fall hätte sein können.

Ich weiß nicht recht, was ich jetzt denken bzw. machen soll. Was ich tun kann, ist, mich vor Ihrer Arbeit und vor meinem Engel zu verneigen. Das ist alles.

Anneliese F. - Erfahrungsbericht zum Haussegen und zum Urteilchen-Strahler

Zuerst will ich gleich einmal vorab aussprechen, was für eine tolle, gigantische Sache die ganzen Urteilchen-Produkte sind. Ich darf es immer wieder bei mir und meinen Freunden miterleben, was die Urteilchen alles bewegen und dass viel Positives geschieht.

Nun, seit ich die Urteilchenkugel habe - wo soll ich beginnen? Es ist so unglaublich phantastisch, was geschehen ist, was geschieht. Ich mache, seit ich den Urteilchenstrahler habe, ja regelmäßig die Chakren– und Aurastärkung.

Ab dem Moment aber, als die Urteilchenkugel bei mir im Wohnzimmer stand, habe ich in meinen beiden Handflächen die Anwesenheit von Jesu Christus, den Geistigen Helfern, Mutter Maria und St. Germain gespürt, ja gefühlt. Meine Hände fühlen sich an, als ob ich an einer 1000 Volt-Leitung hänge. In meinem Herzen empfinde ich eine Glückseligkeit und eine Dankbarkeit für die Gottesnähe.

Immer, wenn ich nun meine Wohnung betrete, spüre ich sofort diese wunderbare Energie und wie im Wohnzimmer meine Pflanzen wachsen, es ist eine wahre Freude!

Irmgard F. - Erfahrungsbericht zum Haussegen und zum Gartensegen

Ich möchte Ihnen meine positiven Gefühle über die Urteilchen-Gartensegen und Urteilchen-Haussegen mitteilen. Ich nehme die Urteilchen Produkte immer mit zu den von mir angebotenen Klangerlebnissen und habe das Gefühl, dass sie mich dabei unterstützen. Seit ich den Urteilchen-Haussegen besitze, geht sogar meine Praxis besser. Es ist auch insgesamt mehr Liebe und Ruhe in unser Haus gekommen. Manchmal nehme ich den Haussegen in die Hand, bedanke mich für alles und äußere auch meine Wünsche und Bedürfnisse. Sehr oft entsteht das Gefühl, dass mich die Kugel versteht und die Sterne in ihrem Inneren sich vermehren. Ich bin dankbar, dass wir soviel Unterstützung vom Universum erhalten.

Reinhilde Z. – Erfahrungsbericht zum Haussegen und zum Gartensegen

Nachdem ich zwei Kugeln Gartensegen und eine Kugel Haussegen erhalten habe, stellte ich den Haussegen in unserer Wohnung auf. Nach circa drei Wochen bemerkten weder mein Mann noch ich einen großen Unterschied zu vorher. Wir haben eine gute Energie im Haus, da wir beide mit Licht arbeiten und nur zu zweit sind. Die Stimmung ist friedvoll und harmonisch, was aber auch schon vorher war. Also gab ich die Kugel Haussegen an eine Bekannte weiter mit der Bitte, die Kugel in ihrer Wohnung aufzustellen und für eine Woche zu testen. Diese Familie hat ein Geschäft, drei Kinder und Haustiere.

Der Unterschied war hier sehr deutlich zu spüren, nachdem die Kugel ohne Wissen der anderen in der Wohnung aufgestellt worden war. Am Ehemann konnte man den Unterschied am meisten sehen. Seine Depressionen wurden weniger, er wurde ruhiger, ausgeglichener und freundlicher. Kaum zu glauben. Innerhalb der Familie herrschte größere Harmonie und es gab weniger Streit und Ärger.

Auch in der Werkstatt wurde es unter den Arbeitern ruhiger. Das Arbeitsklima wurde entspannter und die Arbeiter gingen freundlicher miteinander um.

Meine Bekannte war begeistert.

In dieser Zeit verstarb auch noch die Mutter, die mit im Haus lebte und ich war dankbar, dass der Haussegen gerade in dieser Zeit im Haus stand. Die Trauer war groß. Doch durch die Kugel schien die Trauer bei allen Familienmitglieder leichter.

Jetzt fuhren wir über Ostern nach Norddeutschland, um unsere Mutter zu besuchen und ich holte den Haussegen bei meiner Bekannten ab, um ihn mitzunehmen. Ich stellte die Kugel während unseres Besuchs im Schlafzimmer auf und hatte das Gefühl, dass sich die Energie im Haus änderte. Es war ein beruhigendes Gefühl zu wissen, dass wir irgendwie durch diese Kugel energetisch geschützt sind.

Zu Hause angekommen sprach ich wieder mit meiner Bekannten, wie denn die eine Woche ohne Haussegen gewesen war, ob ein Unterschied zu vorher war. Und sie bestätigte mir, dass es ein großer Unterschied war. Schon Tage später, nachdem ich den Haussegen mitgenommen hatte, waren bei ihrem Ehemann die alten Muster erkennbar, weil er wieder zu Depressionen neigte. Auch die Trauer um die Mutter war bei allen Familienmitgliedern größer und in der Werkstatt klagten einige Mitarbeiter über einen rauen Ton, ohne zu wissen warum.

Da wir eine Woche später nochmals wegfuhren und ich den Haussegen auch dorthin mitnehmen wollte, gab ich meiner Bekannten für diese Zeit die Kugel Gartensegen. Der Unterschied war sofort wieder zu spüren, als die Kugel im Haus stand. Die Depressionen des Ehemannes wurden wieder besser. Die Trauer war für alle Familienmitglieder leichter und die Harmonie war untereinander wieder größer, auch in der Werkstatt. Es war kein Unterschied zwischen den Kugeln Haussegen und Gartensegen erkennbar. Die Kugel Gartensegen wirkte sich genauso gut aus wie die Kugel Haussegen.

Fazit meiner Bekannten: Diese Kugel muss ich unbedingt bestellen. Sie tut der ganzen Familie gut. Und – es kommen auch bestimmt Leute nicht mehr in Haus.

Jetzt steht die Kugel Haussegen an einem schönen Platz in unserem Haus. Und ich freue mich, dass sie ein schöner Blickfang ist und ich fühle mich gut behütet.

Die zweite Kugel Haussegen habe ich in meinem Büro aufgestellt und auch hier waren die Wahrnehmungen gigantisch. Eine Mitarbeiterin, die vorher sehr launisch war, sprach auf einmal mit mir und war sehr freundlich. Mir fiel auf, dass sie viel ausgeglichener auf mich wirkte. Die andere, höher schwingende Energie ist deutlich zu spüren. Ich fühle mich deutlich wohler im Büro. Es fällt mir auch auf, dass mehr gelacht wird. Die dritte Kugel Haussegen geht mit auf Reisen.

Die zwei Kugeln Gartensegen stellte ich erst später in unseren Garten, da wir sehr lange viel, viel Schnee hatten. Wir leben auf fast tausend Meter Höhe. Inzwischen fängt es zu blühen an, aber ich kann noch keinen Unterschied feststellen. Ich werde unseren Garten weiterhin beobachten. Also gab ich auch diesen Gartensegen einem Bekannten, der hellsichtig ist, mit der Bitte, diese Kugel zu testen, ohne irgendeine Information darüber zu geben, außer was auf der Schachtel steht.

Als ich die Kugel nach einer Woche abholte, erhielt ich folgende Auskunft:

Er meinte: „Irgendwie baut diese Kugel einen Schutz auf. Es ist, als ob sie einen Schutz um etwas aufbaut."

Mehr kann ich im Moment nicht darüber berichten.

Ich freue mich über meine fünf Kugeln und habe ein gutes Gefühl dabei.

Gerlinde B. - Erfahrungsbericht zum Haussegen und zum Gartensegen

Ich hatte mich entschlossen, den Haussegen zu bestellen. Schon beim Auspacken spürte ich die starke Schwingung. Sie breitete sich vom Herzzentrum spiralförmig nach unten und seitlich aus. Es war ein sehr beglückendes Gefühl. Der Urteilchen-Haussegen suchte sich seinen Platz neben einer großen Bergkristallstufe in unserem Wohnzimmer aus. Die erste Nacht schliefen wir alle sehr tief und wachten total erholt auf. Ab der zweiten Nacht hatte ich äußerst heftige Träume. Gleichzeitig aber gingen meine Gelenkschmerzen zurück. Ich habe das Gefühl, dass die Kugel ein wirklicher Segen für unser Haus ist, denn seit sie bei uns ist, geschehen Dinge, die mich sehr berühren. Meine Ausbildung geht viel besser. Engel werden plötzlich sehr wichtig und treten noch mehr in mein Leben in Form von neuen Büchern und Arbeitskarten. Nach circa vierzehn Tagen war das Gefühl da, dass der Urteilchen-Haussegen und der Urteilchen-Gartensegen zusammengehören. Es ist verrückt, aber das Leben wird immer spannender und schöner. Vielen lieben Dank für die sehr guten Kugeln.

Jutta D. - Erfahrungsbericht zum Haussegen und zum Gartensegen

In unserer Lichtarbeitergruppe, die sich seit über zwanzig Jahren monatlich zweimal trifft, wurde ein Geburtstagsgeschenk für die Gruppenleiterin gebraucht. Ich hatte die Info über den Urteilchen-Haussegen und den Urteilchen-Gartensegen gerade bekommen und spontan in die Tasche gesteckt, - eigentlich ohne jede Absicht.

Ich selbst hatte dadurch die Gelegenheit, den Haussegen auch in einer Yoga-Gruppe vorzustellen. Die Reaktion der Teilnehmer war erstaunlich, denn sie hatten sofort den Unterschied zu sonst wahrgenommen, ohne den Haussegen gesehen zu haben. “Ich fühle mich zentriert und von Klarheit und Ruhe erfüllt.“ „Es fühlt sich in mir sehr sanft an.“ „Ich fühle mich sehr und auch viel intensiver mit der Gruppe im Einklang.“ Das bestätigten alle. Weitere Aussagen waren: „Es ist so, als wäre das innere Lächeln eine Realität - jetzt und hier und ganz mühelos.“ „Ich fühle Frieden; ich fühle mich ganz eingehüllt und durchdrungen von Frieden.“ „Ist das möglich, es ist doch nur eine Glaskugel“.

Das sind also die Hauptaussagen der Yoga-Gruppe. Nach den Spontanreaktionen las ich die Info-Schrift vor und beantwortete Fragen. Ich selbst habe uns wahrgenommen, wie in einen Torus eingehüllt, eine Apfelform, in dauerndem Energierückfluss. Die Gruppe hat ähnliche Aussagen gemacht. Eine Teilnehmerin wollte mit der Kugel etwas tun. Ich sagte ihr, wenn du die Wirkung wirklich ganz willst, musst du still sein, einfach nur da sein. Dann werden deine eigenen Anliegen klarer durch dich ausgedrückt.

In dieser Lichtarbeitergruppe arbeiten Meister und Engel mit uns. Es wird jedes Mal ein sehr hochschwingendes Feld erzeugt und es wird lichtvoll an uns und durch die Gruppe gearbeitet. Wir bekommen Durchsagen, und wir haben drei hellsichtig begabte Medien. Die Aussagen werden protokolliert.

Hier nun die Aussagen über den Urteilchen–Haussegen:

Meister El Moya bringt den Urteilchen–Haussegen mit dem neunten Strahl in Verbindung. Er sagt: „Es ist die Kerze des neunten Strahls in Form einer Kugel." Lady Virgo sagt: „Beginne mehr Freude zu erleben, indem du dich mehr kugelst. - Indem du dich mehr kugelst, heilst du die geliebte Erde, wirst selbst ganz, schaust alle Sterne und lässt dich von ihnen umarmen. Und das anzunehmen ist die große Kunst."

Es wurde eine starke Lichtfülle in der Mitte des Raumes wahrgenommen. Sie bewegte sich nach außen rundum, hinter uns und über uns (also wie oben beschrieben in der Yoga-Gruppe). Während des Kelchdienstes, wenn der Heilige Geist angerufen wird und wir uns ganz verbinden, wurde auch wieder dasselbe gesehen: "Die Kelchfüllung ging von der Mitte des Raumes, wo vorher Erzengel Michael gesehen wurde, zur Gruppe, wurde zurückgestrahlt, wieder aufgenommen und bewegte sich zurück. Die Energie wurde glatt und milchig. Sie war ganz wunderbar glatt. Ich hatte das Gefühl, sie zu schmecken. Diese milchige Energie war im ganzen Raum. Sie war so wunderschön weich und die Struktur wurde auch wirklich glatt." Andere haben sie als sehr fein, rein schwingend, zart und wunderschön wahrgenommen.

Unsere H. fragte dann: „Ja, ist das jetzt die Schwingung des Heiligen Geistes?" Die Wahrnehmende meinte darauf: „Ich weiß es nicht. Es war nur ganz faszinierend. Wir haben den Kelchdienst noch nie vorher auf diese Weise erlebt." Eine andere Sichtige nahm wahr, dass diese milchige Energie von der Urteilchen-Kugel ausging und meinte: "Ich möchte das mit dem Glättenden, Weichen bestätigen." Wir werden langfristig die Sache mit der Kugel beobachten. Und ich denke, die Meister werden uns noch einiges dazu sagen.

Das sind die Erfahrungen, die in einer Yoga-Gruppe und während des Lichtdienstes mit dem Urteilchen-Haussegen gemacht wurden. Ich hoffe, ich konnte dazu beitragen, dass der Segen, der von der Urteilchen-Energie ausgeht, durch diese Aussagen sichtbar gemacht wird.

Burkard H. - Erfahrungsbericht zum Haussegen und zu den Urteilchen-Produkten

Wie uns Frau Kraus vom Wu-Wei Team empfohlen hat, stellte sich zunächst jedes Familienmitglied beim Haussegen und der damit verbundenen geistigen Welt vor und bedankte mich für zukünftiges, segensreiches Wirken an der Hausatmosphäre und den Hausbewohnern. Der Haussegen verleitete uns alle in den ersten Tagen dazu, über seine Oberfläche mit der Hand zu streichen. Er scheint auch niemals staubig zu werden. Ein weiteres Phänomen der letzten drei Monate, das insbesondere meine Frau aber auch ich bemerkt haben, ist, dass wir verblüffend oft den gleichen Gedanken zur gleichen Zeit haben, und dies sogar bei sehr komplexen Dingen, so dass dies unmöglich der so genannte Zufall sein kann. Patienten und Freunde, die zur Behandlung oder zur Beratung wegen irgendeinem Problem gekommen sind, sind, seit wir den Haussegen haben, offener und kooperativer! Selbst Patienten, die bisher als relativ gehemmt und einsilbig bekannt waren, wurden redseliger, sprachen intime Probleme aus ihrem Leben an und baten sogar um Hilfe. Diese spontanen Vertrauensbekundungen und die Bereitschaft, auch verhältnismäßig ungewöhnliche Lösungsvorschläge als Möglichkeit anzunehmen, habe ich in diesem Ausmaß vor dem Aufstellen des Haussegens nicht gekannt.

Seit wir den Haussegen aufgestellt haben, hat sich das kontinuierlich gebessert. Mittlerweile machen wir sie täglich mindestens einmal, erinnern uns gegenseitig daran und vergleichen die Übung mit dem täglichen Zähneputzen. Bei unserer ältesten Tochter, meiner Frau und mir selbst hat rückblickend betrachtet die Fähigkeit des Loslassens zugenommen, d. h. in einem stärkeren Maße, als sonst durchforsten wir unsere Lebensbereiche im Haus und schauen, ob wir Dinge wirklich noch brauchen und ob sie noch zu uns passen, bzw. ob sie uns eher belasten. Ich persönlich bin überzeugt von der faszinierenden Wirksamkeit des Haussegens und der ‚Starken Sechs Urteilchen-Produkte, weil ich nach der Aufstellung mit den mir zur Verfügung stehenden Methoden keine Belastungen mehr feststellen konnte. Danke für diese wertvolle Hilfe, auf die meine Familie, die Hilfe suchenden Patienten und ich nicht mehr verzichten wollen!

Svenja D. - Erfahrungsbericht zum Haussegen und zu den Urteilchen-Produkten

Im Gegensatz zu machen anderen stolzen Besitzern dieser Kugel, erging es mir mit ihr anfangs nicht ganz so positiv. Jedes Mal, wenn ich Besitzer eines neuen Urteilchen-Produktes wurde, sprachen diese mit mir. So auch die Kugel. Beim Auspacken spürte ich schon die enorme Energie, die wie ein Schauer durch meinen Körper strömte. Begeistert nahm ich die Kugel in meine Hände, um sie mir näher anzuschauen. Seither steht sie bei unseren Blumen auf der Fensterbank und scheint zufrieden zu sein.

Lothar H. - Erfahrungsbericht zum Haussegen und zu den Urteilchen-Produkten

Sehr schnell nach dem Aufstellen im Wohnbereich war eine relative Frische im Raum wahrnehmbar, die sich nach und nach auf das gesamte Haus - Zimmer für Zimmer - zu übertragen schien. Ich arbeite u. a. als Reiki-Lehrer mit 15jähriger Ausbildungserfahrung und bilde stetig Gruppen in Reiki, wie auch in Geistheilung allgemein aus. Die wahrnehmbare Frische in den Räumen entsprach dabei meiner Erfahrung bei einem Reiki 2 - Seminar, wo die Teilnehmer lernen, eine energetische Raumreinigung durchzuführen. Nach einer solchen Raumreinigung, durch die stehende Energien (meist in den Ecken des Raumes) wieder in Fluss kommen, nehmen die Teilnehmer das so wahr, als ob jemand die Fenster geöffnet und gelüftet habe - obwohl dies nachweislich nie der Fall ist.

Die Seminare halte ich in einem anderen Haus ab, in dem die Teilnehmer auch über Nacht bleiben. Dorthin nahm ich den Urteilchen-Haussegen mit und stellte ihn vor dem Seminarwochenende im Unterrichtsraum auf, ohne die Teilnehmer davon in Kenntnis zu setzen. Die darauf folgende Wirkung war verschiedenartig, aber in nahezu jedem Bereich heftig.

Seit dem Aufstellen des Haussegens kam es nicht mehr zu unerwünschten Besetzungen. Da ich die betreffende Person schon sehr lange kenne und mit ihm arbeite, muss ich davon ausgehen, dass der Haussegen meine Arbeit positiv unterstützt hat. Der Betreffende hat zwischenzeitlich seinen eigenen Haussegen zu Hause stehen. Ebenso wie ein anderer Teilnehmer, der aufgrund seiner Lebenssituation (als Körperbehinderter geboren und heute in Führungsposition, die er mangels fehlender innerer Stärke nicht überzeugend verkörpern kann) sehr ängstlich ist und zweifelt, ist in kurzer Zeit sehr stark geworden. Auch er glaubt an die Unterstützung durch den Haussegen und hat, wie eingangs bemerkt, seinen eigenen zu Hause stehen. Zwei Teilnehmerinnen haben das Urteilchen-Produkte Set bestellt und machen ihre Erfahrung auf die verschiedenste Weise. Ich will dazu nur bemerken, dass ich die Angaben auf der Beschreibung, dass die Absicht und Arbeit des Therapeuten (Seminarleiters) unterstützt wird, voll bestätigen kann! Zugleich erzeugt der Urteilchen-Haussegen ein hoch schwingendes Energiefeld, welches die Arbeit insgesamt fördert. Die Gruppe ist viel länger wach, aufmerksam und klar. Es kommt zu viel weniger Störungen, die Teilnehmer öffnen sich leichter und schneller. Das Klima im Haus - in dem nicht nur gearbeitet wird, sondern die Teilnehmer auch schlafen - ist um ein Vielfaches verbessert. Die Teilnehmer schlafen schneller ein, schlafen fester und sind morgens fit. Das Klima ist insgesamt einfach toll.

Rosmarie W. - Erfahrungsbericht zum Haussegen und zu den Urteilchen-Produkten

Ich habe die Kugel seit Ende Oktober. Sie hat mich sofort angesprochen, da ich mit dem Urteilchen-Geo schon sehr gute Erfahrungen gemacht habe. Im Vorfeld habe ich überlegt, wie ich wohl Veränderungen durch die Kugel am besten feststellen könnte. So habe ich verschiedene Geräte, wie z. B. den Fernseher, den Computer, die Waschmaschine, den Herd und den Sicherungskasten ausgependelt: Alles ging links herum, was bei mir schlecht bedeutet. Vor allen Dingen das schnurlose Telefon durchbricht mit seinen gepulsten Mikrowellen die Blut-Hirnschranke. Die Kugel kam an, ich habe mich sehr gefreut und sie sofort in meinem Zimmer aufgestellt. Bereits zwei Tage später ist beim Auspendeln der Pendel rechts herum gegangen; selbst bei dem schnurlosen Telefon. Ich war sehr beeindruckt, die Kugel steht im ersten Obergeschoss. Das Erdgeschoss unter uns, sowie das zweiten Obergeschoss über uns und das Dachgeschoss sind jetzt in Ordnung. Wir haben drei Enkelkinder im Haus. Die Schwiegertochter fragte neulich, wie lange die Kugel schon im Haus sei. Es waren vier Wochen. Sie stellte fest, dass die Kinder nun viel länger und friedlicher miteinander spielten. Vielen Dank an den Herrn Weigerstorfer und die Geistige Welt.

Ute B. - Erfahrungsbericht zum Haussegen und zu den Urteilchen-Produkten

Die Veränderungen, die ich glaube bemerkt zu haben, sind: Sehr intensive, farbenfrohe Träume. Mein Mann meint, er kann sich erinnern, sogar Einfluss auf das Traumgeschehen zu haben und es sei sehr reell gewesen. Bei mir waren es positive und lustige Träume, die mir noch sehr gut im Gedächtnis sind, da ich lange Zeit meine Träume aufgeschrieben habe. Wahrscheinlich wäre es sinnvoll, dies wieder zu tun. Sonst habe ich oft Stressträume in Verbindung mit meinem Beruf - der Schule. Das Zimmer in dem die Kugel steht, wird aufgeräumt. Vielleicht klingt es etwas banal, aber das Arbeits- und Ruhezimmer meines Mannes ist eine Art Ablageraum für viele Dinge geworden. Die Bücherregale, der Schreibtisch, alles war lange Zeit nicht mehr richtig abgestaubt, aufgeräumt und gesäubert worden.

Nun hat mein Mann sich entschlossen und auch angefangen, alles wieder in Ordnung zu bringen. Dieses Projekt ist noch nicht abgeschlossen, aber es hat sich viel getan. Es fällt mir seit dem Aufstellen der Kugel leichter, zuzugeben, wenn ich mich geirrt habe. Ich hoffe wenigstens, dass es auch eine Folge der Kugel ist, denn es wäre eine positive. Entwicklung gegen den Altersstarrsinn.

Enttäuschungen sind nun besser zu verkraften. Nervöse und aggressive Menschen werden nach etwa ein bis zwei Stunden ruhiger und gelassener. Da ich aber schon dabei bin, möchte ich auch nicht versäumen zu schreiben, dass wir mit vielen Ihrer Produkte sehr zufrieden sind und einige fast täglich nutzen. Unser Sohn legt sich z. B. bei Mudra Stellungen das Urteilchen-TET auf die Finger und erfährt dabei einen starken Energieschub.

Brigitta Sch. - Erfahrungsbericht zum Haussegen und zu den Urteilchen-Produkten

Im vorigen Jahr wurden in der Nähe meines Hauses mehrere Mobilfunksendemasten aufgebaut. Die Strahlenbelastung ist inzwischen sehr hoch, sodass ich mir ernsthaft überlegte, wie ich mich schützen könnte. Da las ich von Ihrem Urteilchen-Haussegen. Er zog mich sofort an. Es war ein schönes Gefühl, ihn in Händen zu halten. Mich wunderte aber, dass er so dunkel war und nicht wie die anderen Urteilchen-Produkte hell-lila. Ich suchte einen guten Platz und beobachtete die Wirkung. Nach einigen Wochen fiel mir auf, dass ich wieder besser denken konnte und meine Wortfindungsstörungen zurückgingen. Ein Bekannter, der hochgradig elektrosensibel ist und jede Strahlung spürt, besuchte mich. Er setzte sich an den Tisch mit erheblicher Strahlenbelastung. Er fühlte sich recht wohl und machte nicht den Eindruck, dass er fliehen müsste, weil er es nicht mehr aushielt. Auch beim zweiten Besuch fühlte er sich wohl. Ich selbst fühle mich in meinem Haus geborgen, ebenso meine erwachsenen Kinder. Das Miteinander fiel beim letzten Besuch sehr friedlich aus. Meine Tochter, die sonst oft eigenwillig ist, bedankte sich sehr herzlich für das schöne Wochenende. Interessant wird es an Ostern werden, wenn alle Familienmitglieder sich hier treffen. Gesundheitlich konnte ich noch keine wesentliche Besserung feststellen: Mir Tränen immer wieder die Augen, was bei Mobilfunkgeschädigten oft vorkommt. Natürlich ist die Zeit zu kurz, um nachhaltige Veränderungen festzustellen, doch was sehr positiv für mich ist: Ich fühle mich diesen Strahlungen nicht mehr so ausgeliefert.

Norbert S. - Erfahrungsbericht zum Haussegen und zu den Urteilchen-Produkten

Nachdem wir schon seit einiger Zeit die Starken sechs Urteilchen-Produkte haben und insbesondere meine Frau meint, deren Wirkung zu spüren, war es sehr interessant, einmal das Produkt Urteilchen-Haussegen auszuprobieren. Wir hatten beide eine Erkältung und stellten fest, dass sich nach kurzer Zeit eine Genesung einstellte. Beim jetzigen grippalen Infekt ist eine Herstellung der Gesundung allerdings von längerer Dauer: Dies im Hinblick auf die Schwere der Erkrankung. Bei allem hat meine Frau jedoch einen guten Schlaf. Vor der Grippe hat sie energiegeladen bis spät abends arbeiten können, obwohl ihr Schlaf oft nur von kurzer Dauer war. Wir haben im Übrigen viele Zimmerpflanzen, die - wenn sie auch nicht regelmäßig gegossen werden - auch jetzt im Winter sehr gut gedeihen. Wir sind gespannt, wie sich der Haussegen im Sommer auf die Balkonpflanzen auswirken wird.

Alles in allem sind wir sehr zufrieden, fühlen uns beschützt und werden auch den Haussegen mit auf die Reise nehmen.

Erika W. – Erfahrungsbericht zum Urteilchen-Haussegen und zu den Urteilchen-Produkten

Vorab sei gesagt: Ich mochte ihn von Anbeginn, ja vom ersten Augenblick an. Ich stellte ihn auf und mir schien, dass sofort eine andere Energie da war - meinem Empfingen nach eine wesentlich feinere, fast ein bisschen kühlere, aber nicht kalte, sondern erfrischende Energie, die mir jetzt besonders in den heißen Tagen des Sommers wohl bekommt.

Nicht lange nach Aufstellen der wunderschönen violetten Kugel (allein sie ist schon ein verschönernder Gegenstand) fühlte ich mich anders. Es ist schwer zu beschreiben, wie anders, aber ich denke, Sie wissen schon, was ich meine.

Ich bin einfach mit einer so feinen Energie erfüllt, die mir Ruhe vermittelt, so scheint es. Ich bin nicht mehr so unruhig. Früher war ich auf unbegreifliche Art und ohne ersichtlichen Grund unruhig. Jetzt bin ich, sagen wir, zentriert. Die Arbeit geht leichter und effektiver von der Hand und es ist, als ob alles immer von dem feinen Licht durchdrungen ist.

Ja, als ob eine Schwere aus dem Haus ausgezogen wäre und, ich darf wohl sagen, ist.

Energetisch ist ja meine Wohnung nicht das Non Plus Ultra, aber das hat jetzt an Bedeutung verloren, denke ich - oder vielmehr fühle ich.

Das Schönste geschieht nachts. Ich schlafe gut durch. Vorher wachte ich öfters auf, war auch in der Nacht unruhig und dies ohne ersichtlichen Grund.

Ich nehme die Kugel nachts ins Schlafzimmer und stelle sie mitten im Zimmer auf.

Tagsüber habe ich sie in dem Raum, wo ich mich am meisten aufhalte. Das machte in von Anfang an, zumal ich von dieser Energie so begeistert war, dass ich sie nahe bei mir haben wollte. Obwohl Richard Weigerstorfer sagt, es genügt, die Kugel irgendwo im Haus aufzustellen, meine ich doch, ist es noch besser, wenn ich sie nahe bei mir habe.

Was besagt, dass ich vielleicht, wenn meine Kasse sich wieder regeneriert hat, nochmals einen Haussegen bestellen werde.

Ja, wenn ich mit Dank ausdrücken könnte, was ich empfinde, doch man kann es eben mit Worten nicht sagen. Aber ich bin sehr dankbar, dass es den Haussegen gibt und ich im Genuss bin, von ihm zu profitieren. Und dann - obwohl Worte da arm sind - doch tausendmal Dank.

Zu den sechs Urteilchen-Produkten TET, GER, ELO, GEO, MED, AUF kann ich Ähnliches sagen - und doch sind diese anders in der Energie, abgesehen davon, dass sie spezifischer sind.

Ich hatte ‚die Starken Sechs' schon einige Wochen vorher bestellt und der Haussegen kam dann erst dazu. So sind nun alle bei mir in Aktion.

GEO ist ständig an einem zentralen Platz aufgestellt, an einem Ort, wo ich glaube, dass er an das Geopathische bestens rankommt.

ELO ist an dem Platz, an dem ich den Elektro-Smog am stärksten empfinge.

Mit MED behandle ich besonderes das Wasser, das ich bei Unpässlichkeiten und Unruhe trinke. Ich wechsle dann auch mit AUF ab.

Mit TET hatte ich auch schon gute Erfahrungen. Ich legte TET auf eine kleine Entzündung am Bein und sie klang noch am gleichen Tag ab.

Ich bin froh, dass ich diese wundervollen Produkte hier habe, sie genießen darf und ich durch sie einer besseren Lebensqualität erfreuen darf.

Ja, genug danken kann man da nicht, aber Sie wissen schon…

Ich wünsche mir, dass alle Menschen solche Erfahrungen machen können, wir immer öfter ganzheitlich leben können und es uns möglich ist, aus der Ganzheitlichkeit heraus in Aktion zu treten. Vor allem aber sollten wir wieder zusammen miteinander sein. Es kann wieder stärker ein Miteinander geben, wenn der Mangel schwindet.

Jakob R. - Erfahrungsbericht zum Haussegen, zu den Urteilchen-Produkten und zum Gartensegen

Seit dem 24. 11. 2005 haben wir im Wohnzimmer, neben unserem Kaminofen Ihren Haussegen auf einem kleinen Blumentisch stehen. Zuerst hatten wir den Urteilchen-Haussegen und den Urteilchen-Gartensegen auf unserm Arbeitstisch im Wohnzimmer ausgepackt und neben der Tischlampe aufgestellt.

Abends beim Auspacken haben wir die dortige Tisch-Lampe eingeschaltet, hierbei flog sofort die Haussicherung heraus und der Glühfaden der Lampe war durchgebrannt. Dies war unser erstes Erlebnis.

Mehre Tage später hatte unser Kater einen geschwollenen Unterkiefer und eine weit aufgerissene Unterlippe. Diese hatte er sich bei einem Revierkampf mit einem anderen Kater zugezogen. Die doch sehr große Wunde heilte schon nach einigen Tagen sehr schnell ab.

Unter seinem Schlafplatz hatten wir zusätzlich die Viereck-Pyramide aufgestellt und weiterhin haben wir ihn mit Arnika homöopathisch behandelt. Bei mir selbst hatte ich das Gefühl, die Welt außerhalb sei sehr hektisch und ich selbst wollte immer mehr in mir Ruhe erschaffen und bewahren.

Besonders auffallend ist, dass sich seit den letzen vier Wochen meine Frau bemüht, jeden Schrank und jede Schublade auszuräumen und die unnützen Gegenstände zu erkennen und zu entsorgen. So hat sie schon klar Schiff im Arbeitszimmer, im Bad und in der Küche gemacht. Jeden Tag geht sie konsequent eine Stunde an ein Regal oder ein Fach. Ich selbst habe versucht, die defekten technischen Geräte aufzuspüren und diese zu reparieren und entsprechend zu entsorgen, wenn der Reparaturaufwand zu hoch war. So können wir in den geräumten Räumen die klare Raumsphäre spüren.

Tina W. - Erfahrungsbericht zum Haussegen, zu den Kristallkerzen und zu den Urteilchen-Produkten

Letzten Dezember habe ich die Kugel namens Urteilchen-Haussegen zum Testpreis erworben und will Ihnen nun mitteilen, was ich nach dem Aufstellen der Kugel empfunden habe, bzw. was sich in meiner häuslichen Umgebung verändert hat: Ich glaube ich darf behaupten, dass ich seit einiger Zeit Gott näher gekommen bin. So habe ich in den letzten Monaten auch lernen und erfahren dürfen, dass man die göttliche Kraft, bzw. Energie sehr wohl spüren kann, wenn man dies zulässt. Da ich merke, dass es für mein allgemeines Wohlbefinden eine absolute Bereicherung ist, sich mit dieser Kraft zu verbinden und sich die göttliche Energie zu holen, stelle ich mich jeden Tag ein und versuche diese aufzunehmen. Seit ich die Urteilchen-Haussegen Kugel bei mir aufgestellt habe, habe ich das Gefühl, dass ich noch wesentlich tiefer mit dieser göttlichen Energie verbunden bin, bzw. mich noch tiefer in dieser Art von Meditationsgebet befinde.

Als ich noch bei meinen Eltern gewohnt habe, hatten wir eine Stromfreischaltung eingebaut. Danach schlief ich wesentlich besser durch, was ich vorher nur äußerst selten konnte. In meiner jetzigen Wohnung gibt es keine Stromfreischaltung. Ich konnte deshalb auch oft nicht durchschlafen. Seit ich die Haussegen-Kugel, bzw. auch die kleinen Urteilchen-Produkte, die ich etwas zuvor von der Wu-Wei Auslieferung GmbH erworben hatte, in meinem Wohnzimmer aufgestellte habe, habe ich das Gefühl, dass ich wesentlich besser durchschlafe. Ich habe auch beinahe keine schlimmen Träume mehr. Was mir zudem noch auffiel, ist, dass ich, seit ich die Kugel aufgestellt habe, noch lieber nach Hause komme als vorher, und dass in meiner Wohnung irgendwie eine äußerst beruhigende Schwingung ist. Abschließend sei noch gesagt, dass ich wirklich von Ihrem Urteilchen-Haussegen, sowie von den anderen Urteilchen-Produkten und den Kristallkerzen begeistert bin.

Christiane W. - Erfahrungsbericht zum Haussegen und zu den Kristallkerzen

Am 24. November 2005 traf meine lila Kugel - mein Urteilchen-Haussegen - ein. Ich nahm sie liebevoll in Empfang, begrüßte sie mit allen seinen lichtvollen Helfern und taufte sie auf meinen Mädchennamen. Das Pendel schlug in großem Bogen aus - einverstanden. Mein Kater Mimo war ganz aufgeregt: Er bekam große, runde Augen und blickte im ganzen Zimmer herum. Ich nehme an, dass er all die Engel erblickte, die von meiner Kugel kamen. Nach circa fünfzehn Minuten ging er. Vermutlich waren die Energien zu hoch für ihn.

Ich selbst war glücklich. Jedoch fast augenblicklich meldeten sich alle körperlichen Schwächen: Hals, Kopf und Augen brannten; Rücken, Gelenke, Brust und Bauchbereich - überall zwickte und zwackte es. In der Nacht vom 24. auf den 25. hatte ich sehr starke Kopfschmerzen; am Morgen war alles wieder vorbei. Ich wachte vor Schmerzen auf der gesamten rechten Seite auf. Besonders heftig waren sie im rechten Arm. Am Vormittag waren sie plötzlich weg. Circa eine Woche lang war ich glasklar im Kopf und voller Energie und Tatkraft. Nach dem 12. 12. überkam mich totale Erschöpfung und große Müdigkeit. Ich schlief sehr viel. Mein Gehirn war bis ins Neue Jahr hinein wie umwölkt, fast dumpf.

Nun hat sich auf der körperlichen Ebene alles beruhigt. In der Wohnung ist Harmonie eingekehrt und Kater Mimo hat sich total gewandelt. Mit elf Jahren (jetzt ist er dreizehn) kam er nach einem aufregenden Leben in Spanien zu mir: Eine kräftige Katze, Mischung aus Main Coon und Perser; auf jeden Fall auch angriffsfreudig - ob Mensch oder Artgenossen. Seit ich den Haussegen habe, wird er immer sanfter und schnurrt sehr viel.

Als ich die Multi-Color Kerze auspackte, blickte er aufgeregt im Zimmer herum und meine Enkelin sagte: „Omi, da kommen ganz viele Engelchen von der Kerze“. Anfangs hatte ich eine reiche Traumwelt, jetzt bin ich fast traumlos. Hiermit beende ich meinen Bericht. Ich liebe meine lila Kugel über alles.

Gisela F. - Erfahrungsbericht zum Haussegen und zum Urteilchen-Strahler

Im Dezember 2005 habe ich den Haussegen von Ihnen bezogen, nachdem ich zuvor den Urteilchenstrahler erworben hatte. Nach Erhalt habe ich die schöne Kugel in der Mitte der Wohnung aufgestellt. Wir wohnen in einem Mehrfamilienhaus mit relativ großer Elektrobelastung. Mein Gefühl (außer der Freude über die schöne Kugel) war Erstaunen, dass ich gleich in der ersten Nacht sehr gut schlafen konnte und morgens fröhlich aufgestanden bin. Herzlichen Dank für Ihre schöne Arbeit und freundliche Beratung am Telefon.

Hedwig H. – Erfahrungsbericht zum Haussegen und zu den Urteilchen-Platten

Ich habe seit Januar 2006 den Haussegen im Haus und will nun einen kurzen Erfahrungsbericht geben.

Als absoluter Laie habe ich weder Schwingungs- noch sonstige Tests gemacht. Das war auch gar nicht meine Absicht.

Es begann vor einem Jahr, als ich leider Gottes mit dem Thema ‚Chemtrails – Chemie am Himmel’ konfrontiert wurde.

Als praktizierende fünffache Mutter und Bioland-Gemüsegärtnerin war ich bis in die Seele bestürzt und schockiert.

Genau an diesem Punkt habe ich Ihre Urteilchen Kugel gefunden. Sie war mir von Anfang an sympathisch und ich mag sie gerne im Haus haben. Liebe kann nie zuviel sein.

Mein Mann reagiert sehr sensibel auf alle möglichen Störfelder, so bin ich froh, dass diese Kugel unseren gesamten Wohnbereich reinigt. Er schläft gut – trotzdem bleibt er sehr zurückhaltend und kritisch.

Die Kleine (knapp zwei Jahre alt) steht insgesamt viel unter Spannung und hat nachts regelmäßig massive Koliken – trotz Homöopathie seit der Schwangerschaft. Sie hat seit vier Wochen ruhige Nächte. Zum einen wurde ihr Mittel gewechselt, zum anderen schläft sie über der Glasvitrine, wo die Kugel steht.

Was ich noch beobachten konnte: Die Edelsteine vom Wasserkrug bekommen wieder ihre typische Farbe intensiv zurück, wenn ich sie einige Zeit neben die Kugel lege.

Überzeugt hat mich die Purpur Urteilchen Platte (dreieckig).

Da ich leider nicht alle Produkte, bzw. Lebensmittel Bio finanzieren kann, leistet nun diese Platte große Dienste und alle Kinder berühren damit die etwas ungesunden Nahrungsmittel, oder möchten ihren Teller oder ihre Schüssel draufstellen.

Christa K. - Erfahrungsbericht zum Haussegen und zum Urteilchen-Seminar

Über die Haus- und Gartensegen-Aktion habe ich mich sehr gefreut und teile Ihnen gern meine diesbezüglichen Erfahrungen mit: Mein Wohnort lag im Funkloch, woraufhin ein Sendeturm errichtet wurde. Nun erlebe ich, dass mein Haus durch den Haussegen auch weiterhin vor Funk geschützt ist, da Gespräche mit Handy in Haus immer bzw. immer wieder gestört werden. Möglicherweise ist es gar nicht so vorgesehen, dass Funkwellen abgeschirmt werden, aber ich finde es wunderbar. Nun ein weiteres, positives Ereignis: Komme nach Hause, dann sind in kurzer Zeit alle meine negativen Anhaftungen – wie schädliche radioaktive Strahlung, Minus-Verpolung usw. – aufgehoben, bzw. neutralisiert (Pendel-Test). Ich stelle weiter fest, dass die positive Schwingung des Haussegens nicht nur im Raum vorhanden ist, sondern auch auf alle Gegenstände übergeht. Ganz allgemein möchte ich hier noch zum Ausdruck bringen, dass ich mich mit den geistigen Inhalten, die Sie vermitteln, immer mehr verbunden fühle. Sehr intensiv beschäftige ich mich gerade mit Ihrem Urteilchen-Seminar; das hat es in sich! Danke, dass Sie Ihre Geheimnisse so ohne weiteres preisgeben.

Auch habe ich heute wieder die Erfahrung gemacht, dass auf meine Frage an die geistige Welt mit der Bitte um Nachricht, sofort geantwortet wurde. Ich bin immer wieder überwältigt! Nun wünsche ich Ihnen weiterhin gute Entwicklungen, sage herzlichen Dank und freue mich auf noch mehr kleine und große Wunder.

Erika H. - Erfahrungsbericht zum Haussegen und zum Energie-Tensor

Den Urteilchen-Haussegen nehme ich als ein wellenförmiges, weißgoldenes Licht wahr. Es wirkt harmonisierend, mit einer lieblichen Schwingung und Struktur von Frieden, sowie ausbalancierende Energiefrequenzen. Die Blumen gedeihen optimal und blühen. Alles ist im Gleichklang; ein Raum für Liebe und Frieden! Ich kann beobachten, dass die Personen sich sichtlich wohl fühlen, da sie sich aufgeschlossen und lebensbejahend zeigen und sich bei mir längere Zeit aufhalten. Sie verkünden freudig mit der Bemerkung, dass sie sich aufgehoben und sich erholt fühlen, dass sie sich das aber nicht erklären können. Sie freuen sich jetzt schon, mich baldigst wieder besuchen zu können. Somit kann ich den Punkt I+II Ihrer Beschreibung und Ausführung des Urteilchen-Haussegens nur bestätigen. Den Punkt III Ihrer Beschreibung habe ich mit dem Energie-Tensor (Pendel) überprüft. Mir war dadurch ersichtlich, dass von TV-Geräten, Mikrowellenherden und Computern keine negativen Auswirkungen mehr ausgingen, da alles überlagert war.

Ein klares Urteil: Der Urteilchen-Haussegen ist ein göttliches Werkzeug von Harmonie, Gleichklang, Verständnis und Liebe. Gebührend ein Dankeschön an Sie, Herr Weigerstorfer, und an die geistige Welt.

Vera v. G. - Erfahrungsbericht zum Haussegen und zum Nullzonen-Konverter

Ich habe hohen Respekt vor dieser violetten Kugel mit ihren groß angelegten Energiekräften und ihren drei Wirkungsebenen. Sie hat einen guten Platz auf unserem Esszimmerschrank bekommen, sodass sie gut sichtbar ist. Drei Monate steht sie nun schon dort und wirkt. Die Atmosphäre im Raum empfinde ich als geschützt, ruhevoll und einfach sehr ausgeglichen. Bei mir scheint gerade etwas im Umbruch zu sein. Irgendwie ist das ganze Knochensystem in Mitleidenschaft gezogen. Vielleicht ist das alles ein Reinigungsprozess, der durch den Urteilchen-Haussegen hervorgerufen wurde. Ich muss dies noch länger beobachten.

Genau wie der Nullzonen-Konverter mir ein Heiligtum ist, so sehe ich den Urteilchen-Haussegen auch als großen Segen an und bin Ihnen sehr dankbar, dass wir alle die Möglichkeit haben, so wunderbare Kräfte durch ihn zu empfangen.

Siegfried P. - Erfahrungsbericht zum Haussegen und zum Urteilchen-Strahler

Die Urteilchen-Haussegen Kugel ist ein Hilfsmittel, um negative Energien aus dem Schwingungsbereich fernzuhalten. Das Fernhalten funktioniert nur bei negativen Schwingungen, die nicht besonders stark sind. Es funktioniert aber nicht bei starken Gedankenelementen oder Wesen, den so genannten geistigen Helfern. Vielleicht ist dies aber auch nur bei mir so, weil ich gerade die Bewusstseinsstufe des 19. Tarots erreicht habe und nun loslassen muss.

Test der Kugel: Die Kugel dreht stark rechts. Die fühlbare Reichweite beträgt circa zehn Meter, wobei die Strahlungsintensität je Meter um zehn Prozent abnimmt. Die Kugel schwingt auf drei Ebenen und sie hat auf jeder Ebene eine andere Intensität. Ich stellte die Kugel auf meinen Schreibtisch und richtete den Urteilchenstrahler im Abstand von circa einem Meter auf mich. Ich bekam nach ungefähr sechs Minuten kalte Füße und verlor weitere Energie, bis ich abbrechen musste. Dieser Versuch war für mich deshalb wichtig, weil ich sehen wollte, ob die Kugel einen Sicherheitsraum schafft. Dazu muss ich bemerken, dass die Polarität mit allen Mitteln versucht, mir die Arbeit mit dem Urteilchen-Strahler teilweise oder auch ganz zu unterbinden, seit ich mit ihm arbeite. Dabei habe ich gute Erfolge zu verzeichnen, denn es war mir möglich, alles was ich Ihrer DVD über die Arbeit mit dem Urteilchen-Strahler entnehmen konnte, an mir und am Patienten erfolgreich nachvollziehen. Damit kann ich Ihnen bestätigen, dass der Urteilchen-Strahler eine Verbindung zu höchsten Schwingungen herstellt. Dass aber Jesus Christus die Heilungen vollbringt, kann ich jedoch nur erahnen. Danke für den Urteilchen-Strahler. Ich konnte Seelen erlösen, Implantate, Verwünschungen und auch Besetzungen auflösen, wobei ich stets aus Liebe gehandelt habe. Beim Neutralisieren von Lebensmitteln und dem Aufladen mit Licht gab es keine Probleme. Meist waren die Belastungen nachts sehr stark, sodass ich das Gefühl hatte, an einem Strahl aus Atomen angeschlossen zu sein, die sich im Solarplexusbereich als Wesen formierten und die sich erst lösen konnten, wenn ich erkannte, dass ich aufhören sollte, mit dem Strahler zu arbeiten. Ich habe über den Urteilchen-Strahler meditiert, seine Neutralität hervorgehoben und manchmal hatte ich den Eindruck, dass es besser würde. Der Urteilchen-Strahler verhält sich allem gegenüber neutral, denn er ist göttlich. Ich verhalte mich gegenüber dem Urteilchen-Strahler ebenfalls neutral und befinde mich deshalb im Einklang mit dem Gesetz. Ich wählte Gott, die Neutralität und die Harmonie, aber auch das wirkte nur auf kurze Zeit. Ich bat den Engel des Urteilchen-Strahlers, meine Energien und alle Energiezentren wieder in Harmonie zu bringen, und es geschah. Wieder nur für kurze Zeit. Ich bat den Engel des Urteilchen-Strahlers, die Kugel und mich mit dem Ursprung, dem Schöpfer zu verbinden, auch dies geschah prompt und führte für kurze Zeit zur Erleichterung. Das Selbe machte ich mit dem Urteilchen-Strahler. Nun stelle ich die Kugel in die Mitte der Wohnung. Die Mitte des Behandlungszimmers ist von da aus drei bis vier Meter entfernt, ebenso mein Bett im Schlafzimmer.

Fazit: Der Urteilchen-Haussegen wirkt transformierend auf leichte, negative Schwingungen, auf den drei, von Ihnen angegebenen Ebenen. Der Haussegen hat eine reinigende Wirkung der Luft und eine Verringerung der Strahlungsintensität bei Erdstahlen, wobei die Kugel auf die Intensität der Erdstrahlen besonders im Nahbereich günstig wirkt. Bei der Überprüfung von Abstrahlungen von Elektrogeräten konnten mit dem Pendel in der ganzen Wohnung, keine Abstrahlungen mehr festgestellt werden. Die Abstrahlungsverhinderung des Urteilchen-Haussegens auf Elektrogeräte ist auf fünf Meter Entfernung sehr gut. Die Abstrahlung von FS-Geräten konnte ich nicht überprüfen, da ich kein FS-Gerät habe. Die Urteilchen-Haussegen Kugel habe ich zwischenzeitlich wieder im Behandlungsraum stehen, und wenn ich nicht mit dem Strahler arbeite, verhält sich die Kugel neutral, reinigt die Luft im Raum und erhöht die Schwingung.

Claudia L. - Erfahrungsbericht zum Haussegen, zum Urteilchen-Strahler und zur Urteilchen-Atmung

Am Montag, den 30. 1. 06 erhielt ich mit der Post den Urteilchen Haussegen. Ich freute mich, doch legte ich das Paket zur Seite, da ich auf einen ruhigen Moment wartete, um es auszupacken. Doch plötzlich durchströmte mich eine große Freude, die mich ganz erfüllte und ich wusste, dass sie durch den Haussegen kam. Ich nahm mir die Zeit, das Paket zu öffnen. Eine liebevolle, lichtvolle, freudige Stimmung breitete sich in mir aus. Langsam öffnete ich den Karton mit dem Haussegen und war so berührt von der Energie, dass ich aus tiefem Herzen weinte (so reagiere ich nicht, wenn ich einen Deko-Gegenstand oder dergleichen bestelle). Etwas benommen richtete ich den Platz ein, an dem der Haussegen bis heute steht und seine liebevolle Schwingung aussendet.

Wir leben zu fünft im Haus. Mein Mann (49) unsere drei Söhne (20, 18, 10) und ich (49). Wir haben in den letzten Wochen öfter Besuch gehabt als sonst. Es passte immer und es waren freudige Begegnungen. Besonders bei unserem jüngsten Sohn fiel auf, dass die Freunde wesentlich häufiger bei uns spielten. Ihr Spiel war phantasiereich und sie haben sich bestens verstanden. Auch untereinander haben sich unsere Söhne besser verstanden und jeder für sich hat sich positiv entwickelt. Der Jüngste macht sorgfältiger und ruhiger seine Hausaufgaben und lernt auch schon einmal extra. Der 18jährige teilt sich mehr mit und bei ihm läuft es schulisch jetzt sehr viel besser. Die Tendenzen dazu waren aber auch schon vor dem Kauf des Haussegens da. Und doch habe ich das Gefühl, dass der Haussegen noch einmal einen Schub in die richtige Richtung gegeben hat. Unser 20jähriger Sohn hat die Beeinträchtigung ‚Down-Syndrom'. Er hat sich in den letzten Wochen prima entwickelt. Seit drei Wochen macht er in einem Hotel ein Praktikum. Das hat ihm ganz viel Auftrieb gegeben. Er ist selbständiger geworden. Auch erzählt er mehr und äußert seine Wünsche und Ideen.

Auch bei mir hat sich einiges getan: Stark aufgefallen ist mir, dass ich mich, seit dem der Haussegen bei uns ist, schlagartig und fast täglich an meine Träume deutlich erinnere, so dass ich sie auch therapeutisch für mich nutzen kann. Seit dem letzten Jahr mache ich täglich die ‚Urteilchen-Atmung'. Seitdem der Haussegen bei uns ist, empfinde ich während der Übung eine feinere Energie und fühle mich besser geerdet. Seit ein paar Jahren feiere ich Feste im Jahreskreis, bei denen es ja auch um persönliche Entwicklung geht. Die letzten zwei Feste waren besonders intensiv für mich und in der Nachbereitung habe ich deutlich mehr erkannt, als vorher. Anfang März hatte ich einen grippalen Infekt. Da so viele Dinge zu erledigen waren, konnte ich mich nicht hinlegen. Ich trank lediglich vom Urteilchen-Strahler energetisiertes Wasser, das mir gut half, den Infekt zu überwinden. Wenn ich nach Hause komme, kann ich deutlich eine feinere Schwingung im Haus fühlen. Eine Freundin konnte während eines Telefongespräches eine wohlige Wärme vom Haussegen ausgehend spüren. Eine andere Freundin fand die Energie im Haus als freier. Das war auf den Elektrosmog und die Funkanlagen bezogen. Ich bin froh, dass der Urteilchen-Haussegen bei uns ist. Vielen Dank dafür.

Margit Sch. - Erfahrungsbericht zum Haussegen, zum Energie-Pendel Hans und zum Urteilchen-Strahler

Heute möchte ich Ihnen über meine Erfahrungen mit dem Urteilchen-Haussegen berichten: An dem Tag als der Urteilchen-Haussegen auf dem Weg zu mir nachhause war, konnte ich seine Energie fühlen und ich freute mich schon auf den Postboten, der mir den Haussegen auch tatsächlich an diesem Tage brachte. Es war eine besonders, angenehme, leichte und weiche Energie, die unser Haus erfüllte und in der ich mich noch wohler und geborgener fühlte, als zuvor.

Seither stelle ich in mir Veränderungen fest: Meine Wahrnehmungen (z. B. Gerüche, Düfte, die Absichten von Mitmenschen) sind intensiver und klarer, homöopathische Medikamente, die ich zu mir nehme, wirken besser, so dass ich davon weniger einzunehmen brauche - ich teste dies mit dem Pendel Hans aus. Meistens strahle ich sie mit dem Urteilchenstrahler in ein Gläschen Wasser und brauche dies dann auch nur einmal am Tag einzunehmen. Ich stelle auch einen positiven Veränderungsprozess in meiner 35jährigen Ehe fest. Ich selbst fühle mich freier, unternehmungsfreudiger und energievoller. Zurzeit habe ich meinen Haussegen an eine liebe Bekannte ausgeliehen, die in einem Ausstrahlungsbereich von einer Mobilfunkantenne wohnt. Durch meinen Pendel Hans konnte ich einen Schutz feststellen, so dass jetzt meine Bekannte und ihre Familie von den Ausstrahlungen dieser Antenne verschont werden. Eines fällt mir jedoch während der Abwesenheit meines Urteilchen-Haussegens auf: Ich kann mich jetzt wieder besser an meine Träume erinnern, während das nicht der Fall war, als der Haussegen bei mir war. Das finde ich zwar etwas seltsam, es ist aber so.

Brigitte P. – Erfahrungsbericht zum Urteilchen-Haussegen und zum Ur-Matrix Transmitter

Als Ihr Paket ankam, wollte ich es schnell auspacken und dann den Haussegen erst einmal in meiner Wohnung aufstellen, ohne mich intensiver mit dessen Energie zu befassen.

Ich fühlte rein, wo wohl der richtige Platz wäre, konnte ihn aber nicht so recht ausmachen. Ich wollte mich erst einmal mit dem Haussegen anfreunden und ein Gespräch mit ihm führen. Dabei wurde nicht nur der Platz geklärt, sondern auch in welchen Bereichen des Hauses, in dem sich meine Wohnung befindet, der Haussegen aktiv werden wollte oder wo es ratsam ist, die Energie eher auf meine Wohnung zu beschränken. Der Haussegen bekam einen Namen, vielmehr wurde mir einer mitgeteilt. Die Energie empfinde ich als androgyn und wundervoll leicht.

Durch den Haussegen und dessen Platzsuche konnte ich noch tiefer spüren, wie sehr sich alles in und um mich im Zustand der Transformation befand. Da der Haussegen in meinem Schlafzimmer steht, haben meine Nächte an Leichtigkeit gewonnen, auch wenn nachts immer noch viel Arbeit stattfindet. Ich habe weniger Reinigungsarbeit als früher in meiner Wohnung zu leisten und freue mich immer schon auf die beschwingte Energie, wenn ich von außerhalb zurück nachhause komme.

Dies ist sicher auch auf die Arbeit mit dem Urteilchen-Strahler, den ich sehr liebe, zurückzuführen. Ich nutze ihn ebenso gern und oft für mich wie für Andere in meiner Praxis.

Für diese wundervolle Unterstützung möchte ich mich ganz herzlich bei Ihnen bedanken. Ihren Ur-Matrix Transmitter empfinde ich als eine schöne Unterstützung beim noch unsicheren Gehen in der neuen Energie. Alt bekannte Ängste und karmische Muster melden sich noch einmal, verschwinden dann aber auch wieder in bisher noch nicht gekannter Schnelligkeit.

Sabine G. – Erfahrungsberichte zum Urteilchen-Strahler, zum Urteilchen-Gartensegen und zum Urteilchen-Wasseraktivator

Nachdem ich schon so viele schöne Erfahrungsberichte gelesen habe, komme ich nun endlich auch, dazu Ihnen zu berichten. Als erstes möchte ich Ihnen jedoch von ganzen Herzen dafür danken, dass Sie diese wunderbaren Produkte auf die Erde gebracht haben und so viele Menschen daran teilhaben dürfen.

Meine erste Begegnung mit Ihren Produkten kam durch den Wasseraktivator. Ich arbeite als Heilpraktikerin und mir liegt es am Herzen, den Menschen die Beziehung zum Wassertrinken nahe zu bringen. Lange war ich auf der Suche nach einem guten und preisgünstigen Gerät. Es kam dann über eine Freundin zu mir. Die Patienten, die sich für einen Wasseraktivator entschieden haben, trinken nun mit Freuden Wasser. Manche trinken nichts andres mehr als Wasser. Jegliche Abneigung gegen das Wassertrinken hat sich bei ihnen vollkommen aufgelöst. Sie berichten davon, dass sie sich vitaler fühlen, besser ausscheiden und abschleimen. Es ist mir eine Freude, diese Geräte weiterzugeben.

Dann kam der Urteilchen-Strahler zu mir. Ich war anfänglich kritisch, ob ich mich öffnen könnte. Nach Ihrer Anleitung habe ich mich erst einmal eineinhalb Monate selbst bestrahlt in der Hoffnung, dass er auch mein Gebärmuttermyom günstig beeinflussen würde. Doch die Beschwerden steigerten sich stetig. Mir fiel jedoch auf, dass die Schwingung in unserem Haus immer feiner und klarer wurde und dass das Verständnis der Familienmitglieder füreinander wuchs. Wir wohnen seit elf Jahren in einem kleinen Fachwerkhaus in idyllischer ländlicher Lage und von drei Bauernhöfen umgeben. Doch leider trog der Schein. Was nach außen so schön wirkte, entpuppte sich bald als Missachtung allen Lebens, das es dort gab. Mit einer großen Brutalität wurde mit Pflanzen umgegangen, bis diese vernichtet waren. Ein großer Schmerz breitete sich aus, die Familie lief auseinander. Ein jeder suchte woanders Trost, nur nicht zu Hause. Der Garten wurde wüst und Maulwürfe machten daraus eine Mondlandschaft.

Mit der Veränderung der Energie im Haus fanden wir uns nun jedoch wieder gerne zu Hause ein und überlegten, wie wir unseren Raum an diesem Ort wieder einnehmen und mit Leben erfüllen könnten. Zuerst verlegten wir einen Weg zu unserem Haus, sodass wir nicht mehr durch die recht unwegsame Landschaft gehen mussten. Wir renovierten das Hausinnere und kamen von praktischen Aspekten immer mehr hin zu den Bedürfnissen, die jeder Einzelne von uns bezüglich des Hauses hatte.

Als der Gartensegen angeboten wurde, war sofort klar, dass der in unserem Garten sein muss, um ihn zu trösten und zu heilen. Da es noch Winter war, als er zu uns kam, mochte ich ihn noch nicht rausstellen. Ich stellte ihn erstmal auf die Fensterbank, die dem Garten zugewandt ist. Ich stellte fest, dass auch die Zimmerpflanzen besser gediehen und die Heizungsperiode besser überstanden. Doch hatte ich das Gefühl, dass sich auch draußen etwas tat: Es wurde irgendwie ruhiger und friedvoller. Auch unsere Zitronenmelisse blühte wieder auf. Der Maulwurf ist nicht wieder zurückgekommen, nachdem wir Buttermilch und Molke in seine Gänge geschüttet und alles geglättet haben. Rasen wurde angesät und wir haben den Maulwurf gebeten, dass er sich ein anderes Zuhause suchen möge.

Ich sitze gerade in unserem Garten, was ich nun öfters wieder gerne tue, und spüre die Ruhe die sich mittlerweile ausgebreitet hat. Die Singvögel sind wieder da und die Krähen sind fort. Schöne verwunschene Ecken haben sich wie von selbst gebildet, was auch unseren Freunden auffällt. Auch die Nachbarn sind rücksichtsvoller geworden, nehmen uns im Garten war, stellen ihre lärmenden Tätigkeiten ein oder fragen, ob es gerade stört. Ich bin von tiefem Herzen dankbar.

Unsere Tochter ist nun ausgezogen, um ein Studium zu beginnen und ein Raum ist frei geworden. Meine Kollegin, mit der ich mir die Praxis im Nachbarort teile, zog in eine andere Stadt, sodass sich für mich die Frage stellte, ob ich nun zu Hause praktizieren sollte. Ich habe mit Hilfe des Urteilchen-Strahlers viele Dialoge mit Engeln geführt und sage jetzt: „Ja hier ist der Platz, wo ich leben und arbeiten möchte!“ Das war vor einem Jahr für mich noch völlig unvorstellbar. Auch meine Patienten fühlen sich hier noch wohler als in den anderen Räumlichkeiten.

Besonders wenn ich ein Clearing mache, beobachte ich, dass sich die Menschen viel besser mit den himmlischen Helfern verbinden können, dass sie sich schneller von ihrem Egoverstand lösen und heilende Energien zulassen. Meine Lichtarbeit ist mit dem Urteilchen-Strahler leichter geworden.

Auch mir wurde ein klarer Weg zur Heilung aufgezeigt, den ich sonst nie zugelassen hätte. Ich habe mich nach vielen klärenden Gesprächen mit meinem Engel auf eine Operation an der Gebärmutter eingelassen. Ich empfange ganz viel heilende Energie über den Strahler, bestrahle mich mit dem grünen Transmitter und auch mit anderen hilfreichen Schwingungen und spüre, dass meine Kräfte langsam wieder kommen. Ich habe schon viele Verschiedene Energieformen kennen lernen dürfen, doch mit der Urteilchenenergie habe ich das Gefühl, leichter über die Brücke vom Dunkel zum Licht zu gelangen. Auch das Gefühl von Freude und Leichtigkeit, so wie innerer Frieden, lässt sich besser und beständiger in dieser hektischen Zeit halten.

Ich danke der geistigen Welt, dass ich daran teilhaben darf und ich danke Ihnen, Herr Weigerstorfer, dass Sie diese Botschaft manifestiert haben und soviel Segen auf dieser Erde verbreiten, den wir uns alle teilen dürfen.

Ich wünsche Ihnen, Herr Weigerstorfer, und Ihrer Familie ganz viel Licht und Segen und verbleibe mit lieben Grüßen.

Berichte zu den ‚Urteilchen - Produkten'

Elfriede B. - Erfahrungsbericht zu den Urteilchen-Produkten

Heute möchte ich endlich den versprochenen Bericht über die GEO-Häuschen abgeben.

In meiner Wohnung habe ich einige ‚Feng Shui' Maßnahmen getroffen, aber es kam nie ganz zu dem gewünschten Erfolg. Bei einem Test stellten wir fest, dass bei mir noch eine Belastung durch Wasseradern besteht. So bestellte ich für mich das erste GEO-Häuschen. Es hat sich inzwischen einiges in meinem Leben verändert und ich denke auch, dass das Häuschen hier seinen Beitrag geleistet hat. Ich fühle mich rundum wohl und habe das Gefühl, dass eine Steigerung noch möglich ist.

Ein Bekannter hatte nachts ziemliche Atemaussetzer und schlief zeitweise mit einem Sauerstoffgerät. Er stellte ein GEO-Häuschen im Schlafzimmer auf und eines in seinem Büro. Zusätzlich macht er Atemübungen und Übungen zur Kräftigung der Halsmuskulatur. Bei mehrmaligem Nachfragen bekam ich zur Antwort, dass er mittlerweile ohne Sauerstoffgerät schläft und es ihm seit einigen Monaten gut dabei geht.

Bei Verwandten hatte der Dackel keine Lust mehr, spazieren zu gehen. Er lag den ganzen Tag faul auf seinem Platz. Nicht mal zur Begrüßung kam er mehr hervor. Seit dem Aufstellen des GEO-Häuschens ist er wieder fit. Eine Stunde Spazierengehen (oder auch länger) sind kein Thema mehr. Ich habe sogar den Eindruck, dass es allen Bewohnern im Haus besser geht.

Wenn ich allerdings nachfrage, ob das Häuschen wirkt, muss ich feststellen, dass gar nicht mehr daran gedacht wird, dass es hier steht, denn mir wird immer versichert, dass alles von ganz alleine in Ordnung gekommen sei.

Auf jeden Fall finde ich Ihre Produkte sehr gut. Es freut mich, hier an eine Quelle gekommen zu sein, wo das Zwischenmenschliche GROSS geschrieben wird.

Renate R. - Erfahrungsbericht zu den Urteilchen-Produkten

Ein herzliches „Dankeschön" für ‚die Sechs Starken Urteilchen-Produkte', die wir seit September 2005 nutzen und die für uns viel Gutes tun. Mein Mann und ich sind ausgeglichener und energievoller. Das Urteilchen-GEO (Hausform) achte und bewundere ich seit gestern noch mehr, da ich voller

Freude sah, wie der Luftraum im Umkreis von mehr als zwanzig Metern über unserem Haus geschützt und von chemischen Belastungen freigehalten wird. Am 13. 11. 2005 wurden vormittags und nachmittags verstärkt Chemtrails über unserem Ort eingesetzt. Über unserem Haus strahlend blauer Himmel. Unser Sohn, der mehrere Stunden zu Besuch war, machte mich darauf aufmerksam. Er war natürlich begeistert und er staunte auch über den guten Preis. Deshalb bestellte ich diese ‚Sechs Starken Urteilchen-Produkte' gleich für ihn.

Rolf v.d.K. - Erfahrungsbericht zu den Urteilchen-Produkten

Ich möchte Ihnen eine spontane Rückmeldung zu meiner letzten Bestellung geben. Nachdem das ‚Urteilchen-Geo Häuschen' schon in unserer Wohnung die vorhandene Wasserader völlig eliminiert und somit zur Gesundung meiner, an einer Schilddrüsenüberfunktion erkrankten Frau beigetragen hat, hatte ich ein weiteres Häuschen für meine Tochter bestellt, die ebenfalls eine Wasserader unter der Wohnung hat. Meine Tochter fühlte sich in einer Ecke des Wohnzimmers ständig unwohl und mied diesen Bereich. Ihre beiden Katzen hingegen suchten diesen Platz ständig auf. Nachdem sie am vergangenen Samstag das ‚Urteilchen-Geo Häuschen' aufgestellt hat, meiden die Katzen den zuvor so gerne aufgesuchten Bereich; meine Tochter hingegen hat sich am Montag entgegen ihrer sonstigen Gewohnheit dort hingesetzt und sich wohl gefühlt! Sie hat mich gestern deswegen extra angerufen, weil sie ursprünglich gar nicht glauben konnte, dass das an sich winzige Häuschen eine solche Kraft haben solle. Ein schöner Beweis für die Wirkung der Urteilchen!

Erfahrungsbericht zu den Urteilchen-Produkten (anonym)

Ich arbeite als Entwicklungsingenieur mit Mikroprozessoren. Bei mir in der Firma, speziell am Arbeitsplatz, stehen sehr viele hochenergetische Energienquellen, wie zum Beispiel Wireless-Sendestationen (zwei GHertz), und Bildschirme, sowie viele Computer. Deshalb habe ich mir den ELO an den Bildschirm gestellt und den GEO an meinen Schreibtisch. Genau neben dem GEO habe ich drei große Bambusstängel in einem hohen zylinderförmigen Glas, welches mit Kies gefüllt ist, stehen. Dieser Bambus hat in den letzen Wochen über dreißig Zentimeter in der Höhe zugelegt. Als Nahrung bekommt er nur immer Wasser in den Kies. Offensichtlich hat er in dem GEO einen Freund gefunden. Auch am Arbeitsplatz hat sich eine Ordnung ausgebreitet. Hier bearbeite ich jetzt meine E-Mails innerhalb eines Tages und verschiebe die nicht mehr benötigten in ihre passenden Unterordner. Dies sind die Erfahrungen, die wir im letzten Vierteljahr mit ihren drei Produkten erfahren haben. Wir wünschen Ihnen weiterhin viel Erfolg mit ihren Produkten.

Rolf v.K. - Erfahrungsbericht zu den Urteilchen-Produkten

Ich habe mit meiner letzten Bestellung u. a. das UR-5 MED bestellt und es meiner Schwiegermutter geschenkt. Sie ist vor drei Jahren schwer an Blasenkrebs erkrankt und wurde dann damals erfolgreich operiert. Bei der letzten Untersuchung vor einigen Wochen hat der Arzt eine vernichtende Diagnose gestellt. Der ganze Bauchraum ist voller Metastasen. Hinzu hat sich dann noch ein Tumor ‚gesellt', der äußerlich sichtbar so groß wie eine Männerfaust war und starke Schmerzen verursachte.

Nachdem meine Schwiegermutter die Pyramide von uns geschenkt bekommen hatte, ist die Schwellung des Tumors innerhalb von drei Tagen um über neunzig Prozent zurückgegangen. Die starken Schmerzen waren auch weg. Sie hat sie jeden Tag immer so eingesetzt, wie ihr Gefühl und ihr Instinkt ihr das gesagt hatte und die Pyramide mit der Hand auf die betroffene Stelle gelegt. Mittlerweile legt sie die Pyramide die ganze Nacht auf den Unterbauch. Sie ist dann vor zwei Wochen in Kur gefahren und wurde gestern erneut untersucht, weil sie nach ihrer Rückkehr aus der Kur sofort den Tumor operativ entfernt bekommen sollte.

Oh Wunder - die Untersuchung gestern hat ergeben, dass der Tumor nicht mehr feststellbar ist und von den Metastasen ist auch keine Spur mehr zu finden. Folge: Ein Arzt, der vor einem Rätsel steht und von OP ist keine Rede mehr. Können Sie sich vorstellen, wie erleichternd diese Nachricht auf uns alle gewirkt hat, da nach dem ersten Befund doch von einer wahrscheinlichen Lebensdauer von weniger als zwölf Monaten die Rede war.

Regina Z. - Erfahrungsbericht zu den Urteilchen-Produkten, zum Haussegen und zum Urteilchen-Strahler

Anfang September 05 habe ich meine ersten Urteilchen-Produkte bestellt (alle Starken Sechs Urteilchen-Produkte!). Das Haus GEO hatte ich für meine Wohnung (inklusive Praxisraum) vorgesehen und den Würfel ELO habe ich in den Sicherungskasten gestellt. Die anderen vier Produkte hatte ich zum persönlichen Arbeiten für mich, bzw. für die energetische Arbeit mit meinen Klienten vorgesehen. Bevor ich mit meinen Kindern in das neue Heim einzog, hatte ich einen Rutengänger kommen lassen und mich dann bezüglich der Schlafplätze an seine Hinweise gehalten. Trotzdem war es mir wichtig, dass die gesamte Wohnung durch das entsprechende Urteilchen-Glasprodukt entstört wird.

Ich wohne im ersten Obergeschoss meines Elternhauses und meine Eltern wohnen im Erdgeschoss. Gleich nach Erhalt der Lieferung habe ich meine Mutter über die Wirkungsweise des GEOs und des Würfels ELO informiert. Ich habe ihr beide Produkte sehr ans Herz gelegt. Sie hat sich dann tatsächlich (mit ein wenig Skepsis) entschlossen, ebenfalls ein Urteilchen-Haus zur Entstörung in ihre Wohnung zu stellen.

Ein paar Tage nach diesem Gespräch hatte sie den Urteilchen-Haussegen in ihrer Wohnung aufgestellt. Zwei Tage danach kam sie plötzlich ganz aufgeregt zu mir und erzählte mir erregt, dass sie gerade zuvor ein Bad genommen habe. Sie war ganz verwundert und dachte, dass hier irgendetwas ganz anders sei als sonst. Plötzlich wurde ihr bewusst, dass ihre Beine nicht mehr schwer in der Wanne auflagen, sondern ganz leicht und locker in der Wanne lagen. Es war ein derart deutlicher Unterschied zu sonst, dass meine Mutter mir alles ganz aufgeregt erzählen musste! Sie konnte es kaum fassen und sie meinte noch im Spaß, dass ihre Beine so leicht waren, dass sie jetzt in Zukunft zu mir hoch fliegen würde. Es ist ihr dann noch in der Wanne wie Schuppen von den Augen gefallen, dass dieser angenehme Effekt mit dem Urteilchen-Haussegen in Zusammenhang stehen muss. Der Unterschied zu dem Empfinden zu all den Jahren zuvor war für sie derart auffällig, dass sie ganz aus dem Häuschen war. Wir machten uns dann wieder Gedanken darüber, wie so etwas zustande kommen kann. Ich kenne mich selbst zwar im seelisch-energetischen Bereich sehr gut aus, im geopathischen Bereich bin ich jedoch nur oberflächlich informiert. Ich weiß jedoch, dass wir auch Erdgitter-Netze haben und dass geomagnetische Strahlen auf uns einwirken. Ob meine laienhaften Erklärungsversuche stimmig sind, kann ich nicht sagen, aber dass das Urteilchen-Haus diese positive Auswirkung ausgelöst hat, darüber bin ich mir sicher.

Meine Mutter ist in solchen Dingen eigentlich zurückhaltend und skeptisch. Sie war durch ihre persönliche Erfahrung jedoch selbst so überzeugt von der Wirkung des Urteilchen-Haussegens, dass sie mir direkt sagte: „Weißt du was? Du kannst mir ja den Würfel für den Zählerkasten auch noch besorgen. Wenn der Haussegen so gut wirkt, dann kann der Würfel auch nur gut und wichtig sein“. Dass die Urteilchen-Produkte hier deutlich ihre Wirksamkeit gezeigt haben, liegt auf der Hand.

Noch etwas: Eine Kundin, die sehr sensibel und empfindsam in ihren Wahrnehmungen ist, kam zu einer Einzelsitzung. Sie hatte gerade eine beginnende Migräne und wir wollten diese Problematik bearbeiten. Sie saß am Tisch und wir sprachen erst kurz miteinander, da zeigte sie ganz spontan auf die vier Urteilchen-Glas-Produkte, die ich dort für mich griffbereit aufgestellt hatte (UR-1, 2, 5 und 6). Sie sagte, dass sie sich von einem ganz bestimmten Glasprodukt angesprochen fühle und deutete sofort auf das UR-5 MED (Krankheiten). Sie kannte nicht im Geringsten den Wirkungsbereich der einzelnen Glasprodukte und ich sagte ihr, dass sie für ihre derzeitige Problematik intuitiv richtig gewählt hatte. Sie bestand darauf, dass sie dieses spezielle Glas während der geplanten Energiearbeit und Meditation einbeziehen dürfe. Sie hat das Urteilchenglas auf ihr Herz-Chakra gelegt und die Hände darum gelegt. Es wurde während der Meditation ganz heiß. Als wir den Termin abgeschlossen hatten, bestand sie darauf, dass ich ihr dieses Urteilchen-Glas-Produkt gleich verkaufe. Sie sagte mir, dass sie es nicht mehr missen wolle. Außerdem brütet ihre kleine Tochter gerade eine Erkältung aus und sie will es ihr gleich unters Kopfkissen legen. Kurz bevor sie sich erhob, um zu gehen, wanderte ihr Blick auf den Urteilchen-Strahler, den ich mittlerweile auf dem Tisch platziert hatte. Ich hatte ihn vor Meditationsbeginn auf sie ausgerichtet, als sie schon auf der Behandlungsliege lag. Ich hatte ihn zur liebevollen Unterstützung eingesetzt, ohne dass ich dies extra erwähnt hatte. Sie schaute also den Urteilchen-Strahler an und meinte, dass hier eine starke Energie herausstrahlt. Ist das nicht schön, wenn die Menschen diese liebevolle Energie so deutlich spüren?

04.09.05 Abfrage zu den Urteilchen-Glas-Produkten.

Haus *GEO*

Kraftvolle Energie strömt aus. Ich spüre, wie sie meinen Körper durchströmt. Nach einer Weile wird diese Energie weicher! Das Haus ist wie ein Energiekraftwerk, das stets Energie absendet und so in einem gewissen Radius ein entsprechendes Energiefeld aufbaut. Das Haus hat keinen Einfluss auf unsere Seele, sondern es ist uns zu Diensten, indem es ein neutrales energetisches Feld schafft. Seine Stärke ist die Neutralität. Das Haus schafft für uns eine Basis der Neutralität im Bereich der Geopathie.

Würfel *ELO*

Der Würfel baut sein Feld nicht in einem kompakten Radius auf (wie das Haus), sondern mehr in einzelnen Strängen bzw. in Strahlungen. Er harmonisiert energetische Belastungen, denen unser Körper von allen Seiten her ausgesetzt ist. Er befreit uns von energetischen Angriffen, die auf unseren

Körper einwirken. Dadurch fühlen wir uns leichter, befreiter und entspannter! Es geht hierbei um unser körperliches Energiefeld.

Sechseckpyramide GER

Diese Pyramide spricht die Seelenebene an! Sie verleiht gute Gefühle und öffnet das Herz. Sie bringt Freude und Optimismus. Sie hilft uns, alte Belastungen in Frieden hinter uns zu lassen. Sie hilft uns dabei, dass wir uns erleichtern können. Altlasten loslassen und Frieden empfangen. Sie wirkt effektiv und kraftvoll über die Seele auf den Körper.

Viereckpyramide MED

Ich fühle mich von dieser Energie zart umfangen und eingehüllt. Sie spricht Körper und Seele gleichermaßen an. Beide Ebenen dürfen sich sanft und harmonisch umstrukturieren. Die Energie nährt und gleicht aus. Sie hüllt den Körper schützend ein. Es strömt sanfte Liebe. Wichtig: Diese Energie spricht auch das innere Kind an!

Kegel AUF

Diese Energie hilft uns dabei, uns aufzurichten und dem Licht entgegen zu streben. Sie richtet uns immer wieder neu aus, wenn wir in Disharmonie gekommen sind. Sie bringt uns immer wieder in unsere Mitte. Sie hilft uns dabei, dass wir zentriert bleiben und uns auf dem Weg nicht verlieren! Wir werden immer wieder auf/ausgerichtet und in das Zentrum unseres Weges gebracht. Ein sicherer und beständiger Führer. Halt und Stütze auf unserem Weg. Wir werden immer wieder neu gestärkt und gerüstet.

Tetraeder TET

Wärme strömt das ganze Rückgrat entlang. Über das Kronen-Chakra fließt die göttliche Energie. Wie eine senkrechte Achse, die mich mit Gott verbindet und gleichzeitig erdet. Der göttliche Plan. Göttliches SEIN und göttliche Schöpferkraft. Der Gottesmensch, der sein Potenzial vollkommen entfaltet hat und es lebt.

ICH BIN der GEIST GOTTES.

Berichte zum ‚Urteilchen - Strahler'

Margareta B. - Erfahrungsbericht zum Urteilchen-Strahler

Durch meine Freundin bin ich nun glückliche Besitzerin eines Urteilchenstrahlers. Seit circa einem Jahr arbeite ich mit dem Urteilchen-Strahler und bin der geistigen Welt und Ihnen sehr dankbar, dass ich über meine Freundin und als Geschenk von meinem Mann den Urteilchenstrahler bekommen habe. Die ersten Kontakte mit meinem Helfer-Engel habe ich sehr vorsichtig aufgenommen, möchte aber zuerst die Urteilchen-Atmung zwei bis drei Wochen machen.

Anke-Maria M. - Erfahrungsbericht zum Urteilchen-Strahler

Wie der Urteilchen-Strahler arbeitet, verstehe ich nicht, aber, was der Urteilchen-Strahler alles bewirkt, das kann ich fühlen, sehen, erleben und erfahren! Ehe ich angefangen habe, mit dem Urteilchen-Strahler zu arbeiten, hatte ich mich erst einmal über den ‚Engelsstrahler' durch Ihr Video informiert. Danach habe ich meinen Strahler feierlich mit einer schönen Zeremonie eingeweiht und ihn ‚Rafael' getauft. Und dann ging die Arbeit schon los. Wenn ich z. B. Kopfschmerzen habe, nehme ich ein Glas Wasser und bitte Rafael, mir ein Heilwasser für meine Kopfschmerzen herzustellen. Dann halte ich das flache Ende des Strahlers an meine Stirn, um den Schmerz abzunehmen und strahle mit der Strahlerspitze die Heilschwingungen in mein Wasser. Dieses Eigenheilwasser trinke ich dann in kleinen Schlucken aus. Außerdem bestrahle ich mit dem Urteilchen-Strahler für circa zehn Minuten noch meinen Solarplexus. Dann sind meine Kopfschmerzen weg. Ehe ein Seminar oder ein Meditationsabend bei mir stattfindet, bitte ich Rafael die Energien zu bereinigen und den ganzen Raum mit Licht, Liebe und Frieden zu erfüllen. Dann fühlen sich immer alle Teilnehmer(innen) sehr wohl, und es wird ein anregendes, heilsames und liebevolles Zusammensein. Ich bestrahle meine Lebensmittel und mein Trinkwasser mit der Bitte um Reinigung und Energetisierung. Danach schmecken die Äpfel, sogar das einfache Wasser besser. Da ich sehr feinfühlig und sensibel bin, geriet ich seit eh und je leicht aus der Fassung, wenn ich vergessen hatte, mich durch eine Lichthülle zu schützen. Nach einem Bad in der Menschenmenge beim Einkaufen z. B., oder nach einem aufregenden Fernsehfilm. Nun habe ich stets einen verlässlichen Helfer, den Urteilchen-Strahler, mit meinem Engel Rafael an meiner Seite.

Heike K.Z. - Erfahrungsbericht zum Urteilchen-Strahler

Zuerst möchte ich mich ganz herzlich bei Ihnen für die Herstellung und den Vertrieb vom Urteilchen-Strahler bedanken. Möge er immer von guten Kräften stark beschützt sein und niemals in ‚schlechte Hände' geraten.

Seit Herbst 2005 habe ich den Urteilchen-Strahler. Ich bin vorerst so vorgegangen, dass ich mir eine Liste von ausgetesteten Raten, bzw. Informationen zu einer bestimmten Erkrankung erstellt habe. Ich habe auch erst noch ausgetestet, ob diese Raten und Informationen auch alle zusammen passen.

Für eine ‚Bestellung' mit dem Strahler habe ich dann folgendes gemacht: Ich habe zuerst die Engel allgemein und dann meinen speziellen Erzengel gebeten (mit dem Wort ‚Bitte'), für mich (Nennung von Name, Adresse und Geburtsdatum) ein Medikament zur Heilung von … (Nennen der bestimmten Erkrankung, oder eines bestimmten Symptoms oder Problems) herzustellen. Vor dem Strahler habe ich Globuli oder ein Glas Wasser gestellt. Dann las ich alle ausgetesteten Raten vor und fügte noch zusätzliche Bitten an, die ich inzwischen ‚Allgemeine Bestellungen' nenne. Sie sind deshalb allgemein, weil ich sie fast bei allen ‚größeren' Bestellungen, d. h. in der Regel bei Erstellung von Medikamenten für chronische Erkrankungen, immer wieder anhänge. Je nach individuellem Fall nehme ich mehr oder weniger von diesen Bittsätzen mit dazu. Dies sind z. B. folgende Sätze: „Ich bitte um Annahme von Heilung in allen Körpern und auf allen Ebenen". Diesen Satz benutze ich deshalb, weil hiermit eine eventuelle Therapieumkehr zu behandeln ist, falls die Ursachen für die Erkrankungen in energetischen Körpern liegen. So werden auch diese Ursachen mitbehandelt. „Ich bitte um göttliche Energie. (Das ist nie falsch, kann nur alles verbessern und ich würde mal sagen: „Nur mit Gott an der Hand kann es gelingen"). „Harmonischer und sanfter Verlauf von Heilreaktionen ohne Überreaktionen im Einklang mit der göttlichen Ordnung." (Ich persönlich und auch andere Patienten haben oft Schmerzen, die durch Heilreaktionen ausgelöst werden. Dieser Satz soll dem vorbeugen.) „Ich bitte um optimale Schmerzreduzierung und Aufhebung von Schmerzen aller Art, die durch den Heilungsprozess ausgelöst werden" (Diesen Satz verwende ich, wenn ich weiß, dass ein Patient oft zu Schmerzen neigt und diese auch schon oft hatte; vor allem bei der Therapie von Neuralgien oder Zahngeschichten). Soviel zu den ‚allgemeinen Bestellungen'. Am Ende jeder Bestellung sollten Sie unbedingt ‚danke' sagen.

Für Wunscherfüllungen mit Zettelbotschaften habe ich verschiedene Erfahrungen gesammelt, habe jedoch leider noch nicht die zufriedenstellendste Lösung gefunden.

Zu Anfang habe ich alle meine Wünsche auf Zettel geschrieben und diese Zettel hintereinander vor den Urteilchen-Strahler gestellt und zur Sicherheit mich auch neben den Strahler gesetzt, die Wünsche und Bitten vorgelesen und mich anschließend bedankt. Ich hatte allerdings nicht das Gefühl, dass diese Methode sehr effektiv ist. Dann hat mir jemand gesagt, ich müsse doch auf die Zettel meinen Namen und meine Adresse schreiben. Also habe ich das getan. Eines Nachts bin ich jedoch hoch geschreckt und hatte das dringende Gefühl, dass ich die ständige Bestrahlung von solchen Zetteln abstellen müsste. Ich konnte es mir dann auch erklären.

Mit den Wunschzetteln arbeite ich im Moment nur sehr reduziert. Ich stelle den Wunschzettel eine zeitlang hinter den Strahler, damit die Engel die Informationen aufnehmen können. Dann lese ich den Wunsch noch vor oder formuliere ihn in meinen Worten selbst und nach einer Weile stelle ich den Wunsch noch eine zeitlang (für circa eine Stunde) vor den Strahler.

Danach nehme ich den Wunschzettel wieder weg. Ich habe sehr oft innere Anweisungen, wie ich mit Problemen von Behandlungen oder wie ich mit dem Strahler umgehen soll. Es funktioniert auch sehr gut, den Engeln zu sagen, dass sie selbst das Wichtigste heraussuchen sollen.

Die Engel haben mir nach Ablauf dieser Zeit auch gesagt, welches Medikament ich jetzt wieder einnehmen soll. Ich habe dabei festgestellt, dass ein Medikament für die Behandlung einer chronischen Krankheit, für circa vier Wochen in mir arbeitet. Das heißt, eine einmalige Einnahme von Globuli oder von einem Schluck Wasser reicht für circa vier Wochen aus. Ich habe ausgetestet, dass ich in diesen vier Wochen das Medikament auch nicht wiederholen soll. Ich habe jetzt auch keine weitere Bestellung für eine chronische Erkrankung aufgegeben, weil ja meine Erfahrung zeigt, dass die Engel dies auf eine Art Erledigungsliste setzen würden und damit erst anfangen, wenn das Mittel, das jetzt für vier Wochen arbeitet, ausgewirkt hat. Ich darf aber Bestellungen aufgeben, die nur kurzfristig wirken. Ich bestrahle z. B. das Wasser von meiner Badewanne und gebe da noch extra Informationen hinzu.

Ich teste oft aus, welche anderen ‚Medikamente', oder Nahrungsergänzungsmittel ich außerdem einnehmen darf, ohne, dass die Engel in ihrer Arbeit gestört werden. Manche Sachen darf und soll ich nicht einnehmen.

Soweit nun ein vorläufiger Bericht von mir zu diesem ganz großartigen Geschenk.

Christian H. – Erfahrungsbericht zum Urteilchen-Strahler

Es ist einige Zeit her, dass ich den Urteilchen-Strahler bekommen habe. Ich werde Ihnen nun berichten, welche Erfahrungen ich mit dem Urteilchen-Strahler gemacht habe.

Am Anfang habe ich mich nur hingesetzt und mich selbst bestrahlt, so wie Sie es empfohlen hatten. Bei jeder Bestrahlung mit dem Urteilchen-Strahler war und ist eine angenehme Wärme spürbar. Je öfter die Sitzungen sind, desto angenehmer und vertrauter ist das Gefühl. Als ich den Urteilchen-Strahler fragte, ob ich ihn schon für meinen Sohn Patrick verwenden könne, ist er dann krank geworden. Da dieser mittels Pendel die Frage bejahte, machte ich gleich einige Globulis und bestrahlte zusätzlich ein Foto von meinem Sohn. Am nächsten Tag war die Grippe so richtig stark. Jedoch am Tag darauf war das Schlimmste schon wieder überstanden. Er nahm die Globulis noch für einige Tage und ich bestrahlte das Foto weiter Er wurde dann wieder sehr schnell gesund.

Des Weiteren hatte ich seit einigen Wochen einen wehen Ellbogen, einen so genannten Tennisarm, der immer mehr zu schmerzen begann. Diesen bestrahlte ich ebenfalls mit dem Urteilchen-Strahler und nach zwei Tagen ließen die Schmerzen nach. Ich hatte dann mit der Bestrahlung abgesetzt und die Schmerzen am Ellbogen blieben konstant gleich. Daraufhin habe ich dann wieder mit der Bestrahlung angefangen. Nach circa fünf Tagen beschwerdefrei war.

Ich bin dankbar, dass wir dieses göttliche Geschenk benutzen dürfen.

Unsere Katze hatte sich heute übergeben und war absolut nicht gut drauf. Der Einhandrute nach hatte sie eine leichte Vergiftung. Ich bat daher meinen Urteilchen-Strahler, unserer Katze zu helfen und alles Notwendige zu veranlassen, damit sie wieder gesund werden würde.

Ich bestrahlte ein Foto von unserer Katze und nach einigen Stunden war sie wieder die Alte.

War das nun vom Urteilchen-Strahler ausgegangen? Ich bin überzeugt davon!

Wieder ein Tag, an dem ich dankbar sein darf!

Des Weiteren entstören wir alle Lebensmittel und bereiten unser Wasser selbst auf. Zum Arbeiten nehme ich immer eine Literflasche Wasser mit, das ich nun gezielt informieren kann. Zum Zähneputzen verwenden wir wiederum ein passend informiertes Wasser. Mit dem Urteilchen-Strahler ist dies alles kein Problem mehr.

Alles in allem könnte ich mir den Urteilchen-Strahler nicht mehr wegdenken! Ich bin froh, dass ich ein solches göttliches Geschenk haben und benützen darf und freue mich jeden Tag, wenn ich mit dem Urteilchen-Strahler arbeiten und kommunizieren kann.

Ich weiß ganz genau, dass ich jeden Tag an dem ich mit dem Urteilchen-Strahler arbeite, dem ‚Licht' ein kleines Stück näher komme.

Hildegard S. – Erfahrungsbericht zum Wu-Wei Baumessig-Pflaster und zum Urteilchen-Strahler

Lieber Herr Weigerstorfer,

ich wähle diese Anrede, weil ich seit Jahren eine Ihrer Kundinnen bin, ein Seminar in Ihrem Hause besucht, viele Videos von Ihnen gesehen und auch die Wu-Wei Baumessig-Pflaster mit viel Erfolg benutzt habe! Meine Hüftschmerzen waren nach der Pflasterkur weg!

Ich bin außerdem mit viel Begeisterung dabei, Ihre Produkte an die Frau und an den Mann zu bringen und Ihre guten Geschichten und Infos zu verbreiten und bekannt zu machen. Das allergrößte Geschenk, das Sie mir je machen konnten, ist, dass Sie den Urteilchen-Strahler, den ich seit zwei Jahren besitze, entwickelt haben.

Da ich eine sehr neugierige und interessierte Frau bin, war ich total begeistert, zu sehen, was alles mit Hilfe des Urteilchen-Strahlers möglich ist. Mein Mann leidet seit 25 Jahren an Parkinson, hat bereits etliche Stürze und Schädelhirntraumen hinter sich und ist seit seinem letzten Trauma hellsichtig.

Sie können sich sicherlich vorstellen, wie schön es ist, miteinander zu arbeiten. Ist bei mir oder bei ihm ein Problemchen, so verbinden wir uns mit der geistigen Welt und Jesus Christus. Dann geschehen Dinge, die zu beschreiben schon ein eigenes Buch wert wären. Erwähnen möchte ich noch, dass ich seit sechzehn Jahren die Parkinsongruppe leite und der Urteilchen-Strahler ist fast bei jedem Gruppentreffen dabei. Auch leite ich eine Entspannungsgruppe und die Energie des Urteilchen-Strahlers in Verbindung mit dessen Engeln, die wir über die Engelkarten ziehen, gibt uns eine ganz besonders frische und wohltuende Energie. Danke.

Kerstin B. - Erfahrungsbericht zum Urteilchen-Strahler, zum Haussegen, zum Bio-Tensor und zu den Urteilchen-Produkten

Heute stelle ich den Urteilchen-Haussegen auf einen schönen Platz inmitten unseres Hauses auf. Ich habe schon einige Erfahrungen mit dem Urteilchen-Strahler machen dürfen und bin ganz freudig und auch etwas aufgeregt. Wir testen alles mit dem Bio-Tensor aus – absolute Resonanz. (Nachdem die Kugel aufgestellt ist) Viel passiert seither, Altes kommt hoch und alte Freunde tauchen urplötzlich auf. Alles was nicht im Gleichgewicht war, klärt sich. Manches auch nicht so Gutes trennt sich von uns. Mir fällt auch auf, dass ich die Gedankenenergien der anderen ungefiltert aufnehme, vor allem die unguten. Ich bekomme manchmal etwas Beklemmung, aber letztlich immer wieder Klärung. Urplötzlich bekommen wir für eine Woche einen Tischler ins Haus, der uns alles baut, was dem Haus noch fehlt. Das hätten wir in zehn Jahren nicht geschafft. Große Freude bei meinem Mann, der nun ganz ehrfürchtig mit der Kugel umgeht. Mir erzählen die Menschen, die in unser Haus kommen, dass hier eine behagliche Atmosphäre sei. Manchmal habe ich das Gefühl, sie wollen gar nicht wieder gehen. Meine Arbeit mit Menschen, die hier im Haus stattfindet, wird sehr erfolgreich. Was im Ungleichgewicht ist, rückt näher, selbst bis an die Schmerzgrenze. Unser Kater stirbt durch einen Autounfall und das ist eine schmerzvolle Erfahrung. Habe immer wieder das Gefühl, dass auch er viel Altes von uns genommen hat. Seit einigen, kurzen Wochen ist manches übrig geblieben – eine klare friedliche Atmosphäre, wie als wenn vieles ins Gleichgewicht käme. Alles, was nicht mehr zu uns gehört, ist gegangen (vieles davon war sehr schmerzhaft). Im Nachhinein gesehen, ist vieles umstrukturiert, als ob eine höhere Ordnung Einzug gehalten hat. Das erinnert mich an einen Satz, der mich schon lange Jahre begleitet: „Aus dem Chaos kommt eine höhere Ordnung". Ich bin froh und dankbar, mich für die wunderbaren Urteilchen-Produkte entschieden zu haben. Eine gute Unterstützung für unsere Familie und auch meine Arbeit mit den Menschen.

Brigitta V. - Erfahrungsbericht zum Haussegen, zum ORa Orgon-Strahler und zu den Wu-Wei Transmittern

Ein gesunder Schlaf war bis vor einem halben Jahr mein Lebenselixier. Dann begann es, dass ich stundenlang wach lag und nicht einschlafen konnte, oder ein- bis zweimal nachts aufwachte. Dabei war ich dann putzmunter. Ich stand auf, beschäftigte mich irgendwie und schlief nach ein oder zwei Stunden wieder ein. Am kommenden Tag war ich dann immer furchtbar müde und fühlte mich wie zerschlagen. Am 10. 01. 05 rief ich Herrn Weigerstorfer an, weil ich circa zehn Jahre meinen ORa Orgon-Strahler nicht benutzt hatte und orientierte mich nach diesem Gespräch neu. Es hatte sich besonders im Bereich Transmitter einiges verändert. Kurz darauf erhielt ich die Standard-Ampulle.

Mein erster Versuch war, den Strahler vor mir auf den Tisch zu stellen und dann dahinter den Behälter mit dem Transmitter zu platzieren. Ich saß davor und las. Binnen kurzer Zeit war ich über dem Buch eingeschlafen. Das hatte aber mit der Müdigkeit von der vergangenen Nacht nichts zu tun, denn es war eine völlig andere Müdigkeit. An den folgenden Nachmittagen legte ich mich auf die Couch, den Strahler vor mir aufgestellt und fiel sofort wieder in tiefen Schlaf. Jetzt probierte ich es auch während der Nacht. Prompt schlief ich durch, acht bis neun Stunden lang. Morgens war ich nun richtig frisch. Nach einigen Tagen machte ich die Probe aufs Exempel: Eine Nacht probierte ich es ohne den ORa Orgon-Strahler und wieder die alte Leier! Ich bin mehrmals aufgewacht und musste auf die Toilette, etc.

Ich habe den Strahler dann verschiedentlich benutzt. Einmal mit Transmitter mit einem Wunschzettel versehen, dann wieder ohne. Hierbei waren die Nächte mit den Zusätzen nicht ganz so lang und erfrischend. Ich werde weiter und auf ganz einfache Weise experimentieren, denn ich bin sicher, noch weitere, positive Überraschungen zu erleben. Die Tatsache, dass ich einen Weg gefunden habe, der mich wieder schlafen lässt, macht mich sehr froh und zufrieden.

Bernhard Sp. - Erfahrungsbericht zum Urteilchen-Strahler, zum ORa Orgon-Strahler und zum Energie-Tensor

Kurz vor Weihnachten habe ich Ihren neu entwickelten Urteilchen-Strahler erhalten. Ich möchte Ihnen meine Erfahrung, die ich schon seit dem Kauf erlebt habe, schildern.

Wir leben in einem Waldgebiet auf einem 30.000 Quadratmeter großen Grundstück. In der Umgebung befinden sich Windkraftanlagen und Mobilfunkmasten. Diese Störer sind vom Grundstück aus mit der Lecherantenne anpeilbar. Um in unserem örtlichen Umfeld eine positive Harmonie zu erreichen, habe ich auf das Foto von unserem Haus einen Edelstein gestellt. Dieser ist mit Ihrem ORa Orgon-Strahler und einem Transmitter im Februar 04 aufgeladen worden. Bei den radiästhetischen Untersuchungen auf dem Grundstück ist die Fotofläche eindeutig auffindbar. Auf dieser Fläche ist mit dem Energie-Tensor kein Ausschlag mehr spürbar.

Die Störer sind nicht mehr anpeilbar und die Wellenlängen sind aus den Gegenständen raus. Auf Gitterzonen, Wasseradern usw. ist mit der Rute auch keine Resonanz mehr zu bekommen. Die Randzonen vom Foto sind genau messbar und außerhalb dieser haben wir wie gehabt und unverändert die ursprüngliche Situation. Wie Sie es in Ihrem Video geschildert hatten, haben wir den Urteilchen-Strahler begrüßt. Er wurde liebevoll ausgepackt und erhielt einen guten Platz.

Wie Sie es weiter schildern, habe ich mit dem Urteilchen-Strahler besprochen und ihn gebeten, alle pathogenen Strahlungen auf dem ganzen Grundstück zu beseitigen. Ich habe den Edelstein vom Foto genommen. Sofort war auf dem ganzen Grundstück die besonders aufbauende, positive Lebensenergie feststellbar. Satelliten, Windkraftanlagen und Mobilfunkmasten sind nicht mehr anpeilbar. Selbst für Nosoden und Testobjekten für Elektrosmog, technischen Störern, Gitternetze usw. ist kein Rutenausschlag zu bekommen. Die Situation jetzt ist besser als zuvor, als ich mit dem Foto arbeitete. Sie können sogar die Grundstückgrenzen feststellen. Der Baum auf unserem Teil am Zaun hat alle guten Grifflängen rechtsdrehend. Der Baum direkt auf der Nachbarseite ist linksdrehend und hat negative Grifflängen. Unser Grundstück ist mit den guten Grifflängen von weiter Entfernung anpeilbar.

Zur Sicherheit arbeite ich grundsätzlich mit unterschiedlichen radiästhetischen Untersuchungsmethoden. Darüber hinaus sollte eine Beratung zur Auswahl eines ungestörten Schlaf- und Wohnplatzes erfolgen. Vorrangig sollten störende Einflüsse, die eine energetische Disharmonie, eine körperliche Schwächung oder gar eine Krankheit bewirken können, gemieden werden. Gegenstände im Haus, wie Plastikteile in den unterschiedlichsten Formen, Edelsteine, Bilder, Schmuck, Computer usw. sollten auf ihre Resonanzwirkung geprüft werden. Dazu gehören auch alle Zugänge ins Haus wie Strom, Wasser, Telefon und Kabel-TV. Negative Resonanzaspekte oder auch Rufladungen der oben genannten Gegenstände können unangenehme Körperreaktionen, wie Schlafunruhe und Unwohlbefinden hervorrufen. Die positiv unterstützende Lebensenergie der von Ihrem Urteilchen-Strahler ausgeht, ist mit Sicherheit eine ganz große Hilfe, um eine harmonische Wirkung zu erreichen.

Helga F – Erfahrungsbericht zum Urteilchen-Strahler und zu den Gold-Produkten

Information zum Urteilchen-Strahler

Ich möchte Ihnen folgende Informationen zum Urteilchen-Strahler mitteilen. Ich werde zumindest von einem Menschen angegangen, der mir schwarze Energie sendet

- merke ich es tagsüber und ich habe den Urteilchen-Strahler bereit, merke ich, wie man mit der Sendung innehält
- da insbesondere nachts diese Sendungen stattfinden, bestrahle ich mich morgens mit dem Urteilchen-Strahler und ich merke, wie dieses Durcheinander im Körper sich wieder harmonisiert
- meinen Mann darf ich nicht mit dem Urteilchen-Strahler bestrahlen (lt. Auspendelung)
- merke auch, wie sich die Anker in meinem Körper weitestgehend aufgelöst haben

Information zur Gold Auto-Card

Nachdem ich die Karte unter den Sitz gelegt hatte, merkte ich, wie es sich im Inneren des Autos harmonisierte.

Berichte zu anderen Energie - Produkten

Karin W. - Erfahrungsbericht zum Energie-Pendel Maria

Ich möchte über das Mariapendel in Gold berichten. Durch die Lebensberatung benutze ich dieses Pendel ständig, Dieses Pendel ist eine Kraftquelle, die nun zusätzlich dem Pendler Energie abgibt, sozusagen eine Rückkoppelung erzeugt. Maria ist energetisch stärker und viel liebevoller als das Karnakpendel. Es ist immer einer Freude, damit zu arbeiten.

Regina Z. - Erfahrungsbericht zum Energie-Pendel Maria

Meditation mit dem Energie-Pendel MARIA (erhalten am 03. 05. 06)

Das Pendel Maria hat eine sehr feine Energieausstrahlung, die gleichzeitig eine große Stärke in sich trägt. Es ist eine wunderbare Ausstrahlung!

Sehr viel Liebe strömt über das Pendel!

Ich spüre eine starke Welle der Zuversicht und des Schutzes – so stark, und doch so weich! Ich fühle mich von dieser Schwingung umhüllt und gesegnet! Die große Kraft der Weichheit entfaltet über dieses Pendel ihr Potenzial. Es ist ein Kanal, über den diese gnadenvolle Energie hier in unsere Dimension einfließen kann. Es hat die Funktion eines offenen Tores, durch welches wir ganz leicht und selbstverständlich heilende Energien empfangen können. Es bringt uns die Ausgleichsenergie für unsere Defizite – sowohl für uns Menschen, als auch für Mutter Erde mit all ihren Wesen!

Das Pendel hat die Aufgabe, mit seinen Energien die starken Spannungen zwischen den Polen der dualen Dimension zu entspannen. Dies geschieht durch einen heilenden, energetischen Ausgleich. Dadurch ebnet es den irdischen Polaritäten den Weg, sich gegenseitig anzunehmen, anstatt sich abzustoßen (abzulehnen).

Es ist ein Friedensbringer!

Seine Schwingungen führen aus dem Chaos in die göttliche Ordnung!

Unser Wirken mit diesem Pendel soll im Bewusstsein der Liebe und der Demut geschehen! Es bringt der Menschheit den Segen der göttlichen Gnade!

Ich bin dankbar für dieses Geschenk!

Herzlichen Dank an unsere Freunde im Licht und ganz besonders an Herrn Weigerstorfer.

Anita K. - Erfahrungsbericht zum Energie-Pendel Maria

Seit zwei Tagen ist das Pendel Maria in meinen Händen. Gleich, als ich das Päckchen öffnete, kam mir eine sehr weiche, weibliche und warme Energie entgegen. Sie fühlte sich sehr liebevoll an - kaum zu beschreiben.

Nun habe ich heute die Gelegenheit wahrgenommen, bei einem Behandlungstermin das Pendel einzusetzen (bin als Heilerin tätig).

Da die Dame für alles offen war, hatte ich ein leichtes Arbeiten. Bis jetzt habe ich das Einschwingen meist ohne Pendel gemacht, indem ich eine Hand auf das Objekt und eine auf die Person legte. Nun durfte Maria mithelfen und alles vollzog sich leicht und spielerisch. Es ging so leicht, dass ich nun freier war, selbst mitzuspüren. Ich habe Luise U. Ampullen und zwei Mandalabilder von mir, sowie die im Text erwähnten Farbstrahlen übertragen. Jede einzelne Energie fühlte sich anders an. Es war hochinteressant, besonders weil die Dame sehr differenziert fühlt und mir darüber gut berichten konnte. Auch stellte ich fest, dass ich zeitgleich mit ihr fühlte und sich diese Erfahrungen zu hundert Prozent deckten. Meist fühle ich schon bevor der Mensch auf der Liege etwas merkt.

All dies geschah in Liebe - wir waren beide nach dem Termin aufgeladen, neu programmiert und lichtdurchflutet.

Mir scheint, dass das Pendel mit Recht diesen Namen trägt. Denn mir ist, als ob eine Übermutter im Hintergrund wirkt und hilft. Mir wird ganz warm bei dem Gedanken, dass es unsere Gottesmutter Maria sein könnte. In der Marienkapelle in Todtmoos/Schwarzwald habe ich diese Energie auch schon gespürt und gesehen. Dort war die ganze Kapelle mit weißer Energie durchdrungen. Wenn das ‚Ave Maria' gespielt wird, ist diese Energie spürbar. Und natürlich auch, wenn wir uns mit Maria verbinden.

Harm K. - Erfahrungsbericht zu den Wu-Wei Baumessig-Pads

Erfahrungsbericht über die Anwendung der Wu-Wei Baumessig-Pads mit Turmalin.

Wie ist denn das mit diesen Baumessig-Fußpflastern? Wirken die oder wirken die nicht? Nehmen sie wirklich Gifte aus dem Körper? Meine Frau Ch. und ich haben es ausprobiert und ich habe die Wirkung radiästhetisch geprüft. Am Beispiel meiner Pflaster will ich das Ergebnis vorstellen.

Ich fand bei einem Testobjekt, also bei einer kleinen Menge gebrauchter Pflastersubstanz, mit meiner V-Rute eine lange Liste von körperunverträglichen Stoffen bzw. Stoffgruppen. Meine Rute räsonierte bei folgenden Substanzen.

Testobjekt vom 1. Pflaster:

1. Äthylmaltol (E 637)
2. Bisphenole
3. Calciumgluconat (E 578)
4. Carragen (E 407)
5. Dimethylacrylate, alicyclische
6. Gluten
7. Imidazole
8. Isopropanol
9. Kopfschmerztabletten
10. Künstl. Aromastoffe
11. Kresolverbindungen
12. Lycopin (E 160)
13. Mono- und Diglyzeride (E 472)
14. Nonan

Testobjekt vom 8. Pflaster

1. Barbiturate
2. Bisphenole
3. Calciumgluconat (E 578)
4. Diuren
5. Gluten
6. Künstl. Aromastoffe
7. Mono- und Diglyzeride (E 472)
8. Natrium-Orthophenylphenolat (E 232)
9. Nonan
10. PHB Methylester (E 219)

Testobjekt vom 15. Pflaster

1. Calciumgluconat (E 578)
2. Diuren
3. Gluten
4. Künstl. Aromastoffe
5. Mono- und Diglyzeride (E 472)
6. Nonan
7. PHB Methylester (E 218)
8. PHB Methylester (E 219)

Testobjekt vom 25. Pflaster

1. Diuren
2. Mono- und Diglyzeride (E 472)
3. Nonan
4. PHB Methylester (E 218)
5. PHB Methylester (E 219)

Testobjekt vom 30. Pflaster

1. Künstl. Aromastoffe
2. PHB Methylester (E 218)

Mit einem Testobjekt vom unbenutzten Pflaster erhielt ich zu keiner dieser Substanzen eine Resonanz.

Was bedeuten für uns diese Ergebnisse?

Diese Pflaster ziehen tatsächlich über die Füße körperunverträgliche Stoffe ab, und zwar bis zur Gesamtmenge des jeweiligen Stoffes, die im Zeitraum der Anwendung frei verfügbar ist, d. h. nicht im Bindegewebe oder in Organen gebunden ist.

Offenbar können manche Stoffe erst zur Ausleitung gelangen, wenn andere bereits ausgeleitet sind oder ihre Konzenteration bereits herabgesetzt ist.

Bemerkenswert ist der hohe Anteil von Substanzen mit E-Nummern, also Nahrungsmittelzusatzstoffen, die bei uns nur Altlasten sein können, da wir uns seit sechs Jahren nur von vegetarischen und von biologisch erzeugten Produkten ernähren. Es ist zu beachten, wie lange solche Substanzen im Körper kreiseln, weil sie körperfremd sind und der Körper sie ohne Hilfe nicht oder nicht vollständig ausscheiden kann.

Wir gehen davon aus, dass nach einer längeren Anwendungspause bisher gebundene Stoffe frei verfügbar sind und mit einer weiteren Kur größere Mengen dieser und auch anderer Stoffe ausgeleitet werden.

Wir halten das Verfahren für sehr schonend, weil bei der Ausleitung über die Haut der Füße die Leber nicht oder nur teilweise und die Nieren überhaupt nicht belastet werden.

Nun haben wir uns also Gewissheit verschafft und können die Wu-Wei Baumessig-Pads mit Turmalin mit gutem Gewissen weiterempfehlen.

Ursula F. – Erfahrungsbericht zu den Wu-Wei Baumessig-Pads

Ich möchte Ihnen noch sagen, dass mir diese Pflaster sehr gut geholfen haben. Seit einem halben Jahr hatte ich Schmerzen in den Füßen.
Diese sind nun fast ganz verschwunden. Ich kann wieder besser laufen und werde jetzt diese Pads auf jeden Fall weiterempfehlen.

Petra S. - Erfahrungsbericht zu den ‚Urteilchen-Platten'

Ich habe die Urteilchenplatte vor einiger Zeit bei Ihnen gekauft. Ich lege sie immer in das Futter meines Pferdes, auch auf seine Bananen, sein Brot und in sein Heu. Ich finde, er futtert jetzt mit viel mehr Appetit! Tiere sind ja in solchen Dingen immer ganz unvoreingenommen und nicht beeinflussbar, so dass ich von der tollen Wirkung des Urteilchenplättchens sehr überzeugt bin. Vielen Dank dafür!

Elfriede B. - Erfahrungsbericht zur Urteilchen-Rauchentwöhnplatte

Meine Erfahrungen mit der Urteilchen-Rauchentwöhnplatte: Es ist jetzt fast genau acht Wochen her, dass ich jede neue Schachtel mit der Rauchentwöhnplatte erst mal versorgte. Meine ersten Bedenken, ich würde die Platte ja sowieso irgendwann mit wegwerfen haben sich bis heute nicht bewahrheitet. Anfangs wartete ich gespannt darauf, dass die Zigaretten vielleicht anders schmecken, dass ich gar keine rauchen will oder dass mir sogar schlecht würde. Nichts! Warum ich anfangs die Schachtel nicht so oft öffnete, lag daran, dass ich die Platte fühlte; die Schachtel war schwerer und kompakter. Ich wurde mit dem Griff zu ihr daran erinnert, dass ich ja nicht mehr rauchen wollte. Also verzichtete ich momentan auf die Zigarette. Immer wieder konnte ich mich dabei ertappen, dass ich die Schachtel erst mal zurücklegte, bevor ich eine rauchte. Der Erfolg war, dass ich schon recht bald sechs, sieben Zigaretten am Tag weniger rauchte. Jeder Griff zur Schachtel veranlasste mich zu der Frage: „Brauch ich die jetzt?". Bei Besuchen in Nichtraucherhaushalten wurde ich nicht nach einer Stunde nervös, mein Rekord vier Stunden beim Brunch bei einer Nichtraucherfreundin, trotz Alkoholgenuss! Ich war ganz stolz auf mich. Auch die Zigarettenindustrie kam meinem Vorhaben zur Hilfe. Ich hatte circa 1 ½ Schachteln geraucht, also etwa 20 – 25 Zigaretten. Jetzt rauch ich noch eine Schachtel, in der ja nur noch siebzehn Stück sind. Mein momentanes Ziel ist, dass mir abends noch Restzigaretten in der Schachtel bleiben.

Verhaltensänderung: Ich habe nicht drei, vier Schachteln auf Vorrat. Ich muss die Zigaretten nicht mehr überall mit hinnehmen. Ritualzigaretten werden in Frage gestellt/verringert. Immer bewusster setze ich mir Ziele, die ich erreichen kann.

Anita K. – Erfahrungsbericht zu den Qi-Gong Urteilchen-Kugeln

Kurz zu meiner Person: Ich habe eine Praxis für spirituelle Lebenshilfe.

Vor kurzem hatte ich meinen fünfzigsten Geburtstag und mit jedem Jahr, das mehr hinzukommt, fühle ich mich jünger und ausgeglichener. Mir geht es gesundheitlich und seelisch sehr gut. Für meinen Körper tue ich auch etwas, indem ich mich gut ernähre und Sport treibe. Doch was wäre das Leben ohne Hindernisse, an denen wir lernen dürfen.

Die Kugeln kamen somit im richtigen Moment bei mir an. Im normalen Leben übe ich regelmäßig Tai Chi und Qi-Gong, ich besuche entsprechende Schulen, in denen ich fachmännisch unterwiesen werde. Nur meine rechte Hand macht mir zu schaffen. Sie ist seit dem sehr festen Händedruck eines äußerst starken Mannes wie aus dem Lot und hat seither nicht mehr die Beweglichkeit wie vorher. Auch habe ich sie in letzter Zeit durch Putztätigkeiten und Renovierungsarbeiten in meiner neuen Praxis etwas überstrapaziert.

Zurzeit arbeitet die geistige Welt sehr heftig an mir und ich werde ordentlich durchgerüttelt. Ich habe das Gefühl, dass ich wieder da bin, wo ich einst angefangen hatte, als ich damals damit begann, bei mir im Seelenstübchen aufzuräumen. Meiner Schwester geht es im Moment ähnlich. Wir haben beide körperliche Probleme und sind seelisch irgendwie aus dem Lot. Wir gehen am 1. Dezember zu einem Vortrag mit anschließendem Seminar zu Alexander Aandersan nach Freiburg im Breisgau. Wir fiebern diesem Seminar geradezu entgegen, weil wir das Gefühl haben, dass es uns wieder weiterbringt. Damit wir die nächste Hürde nehmen können, werden wir zurzeit von unseren lichtvollen Helfern körperlich und seelisch durchgewalzt. Wir nehmen diesen Zustand mehr oder weniger gelassen hin.

Ansonsten kann ich nur sagen, dass ich eine große innere Ruhe und Gelassenheit in mir verspüre und dies auch ausstrahle. Sonst wäre es kaum möglich, dass ich anderen Menschen weiterhelfen kann. So geht es auch meiner Schwester. In meiner Praxis habe ich etliche Urteilchen-Produkte im Einsatz und bin sehr glücklich über diese lichtvollen Helfer.

Als ich sie auspackte, habe ich ein starkes Energiefeld verspürt, das mich sofort in seinen Bann zog. Ich habe sogleich angefangen, die Kugeln in meinen Händen zu bewegen. Mal mit der rechten, mal mit der linken Hand. Auch habe ich das mitgelieferte Buch gleich durchgelesen sowie das Beiblatt zur Urteilchen-Energie. Da es mir nicht gut ging – ich hatte Kopfdruck, Übelkeit und Kreislaufprobleme - konnte ich wunderbar erleben, wie sie wirken. Die Kugeln verströmen eine große Kraft und gleichen uns aus. Ich hatte nach circa einer halben Stunde das Gefühl, dass ich wieder in Balance bin und sich eine tiefe Ruhe in mir verankert hatte. Ich spürte, dass sich am gesamten Körper ein Energiefeld aufbaute, wenn ich die Kugeln auf der Hautoberfläche bewegte. Eine Schwingung kam in Gang, die mich einhüllte und mich in eine andere Energieebene transportierte. Als ich mit dem Üben aufhörte, legte ich die Kugeln zurück in das Kästchen und setzte mich an den Tisch. Ich hielt die Hände über die Kugeln und atmete bewusst ein und aus. Dabei ließ ich Verbrauchtes los. Ich spürte, wie leicht ich in eine Meditation kam, die mich sehr entspannte. Was mir auch noch auffiel, war, dass auch während des Übens mit den Kugeln Ängste zu spüren sind. Durch bewusstes Erfahren und Erkennen lösen sie sich aber dann ganz schnell wieder auf.

Mit diesen Kraftkugeln kann jeder selbst etwas für sich tun - und das ganz spielerisch. Es war sehr gut, das Thema erneut aufzugreifen.

Wie Energie fließen kann, weiß ich, seit ich Tai Chi und Qi-Gong übe. Der Alltag bringt es mit sich, dass wir uns verspannen und damit den Energiefluss behindern. Die Kugeln schafften schnell Abhilfe. Es ist nicht jedem möglich, in eine Tai Chi-Schule zu gehen, um zu lernen, wie wir richtig mit dem Körper umgehen. Außerdem vergehen Jahre, bis wir gelernt haben, unsere Fehler zu vermeiden. Unsere Angewohnheiten sind sehr stark und es ist schwer, sie loszulassen. Doch wenn wir unsere Fehler kennen, wissen wir, dass wir immer etwas tun können, um unsere Haltung zu verbessern, damit wir unseren Energiefluss nicht blockieren.

In diesem Sinne sind diese Kugeln ein großer Segen.

Notizen

Weiter Bücher des RiWei-Verlags

Richard Weigerstorfer ***Qi – Gong Kugeln***

Dieses Buch erklärt nicht nur was Qi-Gong ist, sondern enthält viele Übungen zum äußeren, feinstofflichen und inneren Qi-Gong.

Chales-de Beaulieu ***Wunder Wirbelsäule***

Chales-de Beaulieu, der auf eine 36jährige Erfahrung als Heilpraktiker zurückblicken kann, sieht den Menschen als einheitliches und allumfassendes Gesundheitssystem. Durch gezielte Übungen für die Wirbelsäule, die in diesem Buch detailliert beschrieben werden, können sowohl die körperliche Haltung, als auch die Einstellung zum Leben verbessert werden.

Lena Lieblich ***Kathi und andere Geschichten***

Zum Teil zusammenhängende, märchenhafte Kurzgeschichten, die sich auf spannende, phantastische, aber auch lehrreiche Weise mit positiven Lebenswerten und allgemeinen esoterischen Weisheiten befassen. Dieses Buch ist überwältigend in seiner Aussagekraft. Die Kurzgeschichten, die modernen Märchen ähneln, reihen sich einem Sagenzyklus gleich aneinander. Wie Märchen schaffen es die Geschichten von Lena Lieblich, uns beim Lesen ein warmes, wohliges Gefühl im Bauch zu hinterlassen.

Lena Lieblich ***Schlank und vital durch die Kraft der Vision***

Ein Schlankheitsbuch, das keine bestimmten Fitnessprogramme und Ernährungsmodelle fordert. Vielmehr wird durch eine visionäre Umgestaltung der Gedankensstrukturen eine Veränderung der Lebens- und Essgewohnheiten gefördert.

Erich Keller ***Duft und Gemüt***

Ein Arbeitsbuch der Düfte. Alle emotional, geistig und seelisch wirksamen ätherischen Öle und ihre Anwendungsmöglichkeiten, sowie das Herstellungs- und Mischverfahren der persönlichen Duftnote werden behandelt.

Erich Keller ***In Wahrheit begegnen***
Das Geheimnis lockerer, authentischer Beziehungen wird in diesem Buch in leicht nachvollziehbaren Schritten gelüftet und vermittelt. Erleben Sie Ihre Begegnungen und Beziehungen neu.

Peter Larisch ***Trennkost vegetarisch: Die neue Art des Essens***
Phantasiereiche und leckere Rezepte, die, trotz ihres Anspruchs auf eine gesunde Ernährung, niemals an Köstlichkeit einbüßen und ein totales Leichtigkeitsgefühl im Körper hinterlassen.

Hans Luther, Ulrich Seibert ***In Gottes Kreislauf eingebunden***
Dieses Büchlein beschreibt den Energiekreislauf Gottes und geht näher auf die Möglichkeit ein, sich verstärkt in diesen Kreislauf einzubinden, um die göttliche Energie effektiver nutzen zu können.

Hans Luther ***Ein Leben in Glück und Zufriedenheit durch das Öffnen der Gasse Gottes***
Dieses Buch stellt eine Anleitung dar, wie wir unser Scheitel-Chakra öffnen und dadurch die Verbindung zur Allmacht weiten können. Dies erlaubt uns, mehr Führung und Lebenshilfe von oben zu bekommen.

Nona ***Agapa Die Kunst der bedingungslosen Liebe***
Dieses Buch befasst sich mit dem Prinzip der allumfassenden Liebe als zentralen Punkt in der spirituellen und esoterischen Weiterentwicklung im Zeitalter der Selbstverantwortlichkeit.

Jens-J. Schlegel ***Von Menschen, Pflanzen, Steinen und Sternen***
Ein meisterhaftes psychologisches Heil- und Gesundheitsbuch, das es schafft, das heilkundliche Wissen früherer, zum Teil schon versunkener Kulturen mit den Erkenntnissen moderner Medizin und Psychologie zu verbinden.

Peter Beck ***Astrologie des Lichts - Eine erneuerte Astrologie der Fixsterne für das Wassermann-Zeitalter***
Dieses Buch ist eine lichtvolle Erweiterung der herkömmlichen Astrologie, die uns zu Beginn des Wassermann-Zeitalters die gewaltig lichtvollen Räume des Universums, die große Bereiche des Geistes im Horoskop vertreten, durch Einbeziehung der Fixsterne wieder zugänglich macht.

Peter-Michael Pfeiffer ***Das neue Wasser Buch***

Peter-Michael Pfeiffer stellt seinen im Jahre 1993 entworfenen Nachweis von Energiepotentialen im Wasser vor und beschreibt die Unterschiede zwischen unbehandeltem und durch das Umkehrosmoseverfahren energetisiertem Wasser.

Ursula Stummvoll ***Chan Mi-RiGong - Das Wirbelsäulen Qi-Gong***

Zum ersten Mal werden die seit vier Generationen mündlich überlieferten Übungen, die aus der buddhistischen Zen- und der tibetischen Mi-Schule stammen, in deutscher Sprache schriftlich zusammengefasst.

Gerda Bindoni ***Arete: Erfolg durch die Erfüllung der eigenen Lebensaufgabe***

Das Thema dieses Buches ist die Maximierung der Freude am Arbeitsplatz, indem das Ausleben der persönlichen Einzigartigkeit eines jeden Menschen gefördert wird.

Keman ***Wege ins Licht: Das Erwachen der Götter*** (Teil 1)
Wege ins Licht: Die Rebellion der Götter (Teil 2)
Wege ins Licht: Das Spiel der Seelen (Teil 3)

Plejadische Übermittlungen, die uns, den göttlichen Kindern des Lichts, helfen können, damit wir die Entwicklung von der vierten in die fünfte Dimension schneller, leichter und fließender vollziehen können.

Karin E. Huck ***Die Schwingungsraten der klassischen Homöopathie für den ORa Wellen-Generator***

In diesem Buch verbindet Karin E. Huck, Spezialistin im Gebiet der Radionik, mit Hilfe der homöopathisch arbeitende Heilpraktikerin Elke Theisen, zum ersten Mal Homöopathie mit der praktischen Anwendung von Orgon- und Radionikgeräten. Ein wichtiges Buch für alle Homöopathieliebhaber, die gerne mit Energie-Strahlern arbeiten.

Helge Russ ***Der Gürtel des Orion***

Ein esoterischer Roman, der geschickt esoterisch-orianische Weisheiten mit einer Liebesgeschichte, die in einem spannenden Science-Fiction Szenario spielt, verbindet.

Ralf Johann Göppert ***Praktischer Alltag mit dem ORa Orgon-Strahler***

Unermüdlich erforschte Ralf Johann Göppert den ORa Orgon-Strahler. Das Resultat ist ein märchenhafter Erfahrungsbericht, der in immer neuen, schillernden Farben von der Begeisterung des Autors über die Effektivität und die Vielfältigkeit der Einsatzmöglichkeiten des ORa Orgon-Strahlers erzählt. Durch spielerische Wissensvermittlung ermöglicht uns dieses Buches, viel über den ORa Orgon-Strahler zu lernen, ohne sich dessen bewusst zu sein. Für jeden, der mit dem ORa Orgon-Strahler arbeiten will, stellt dieses Buch eine kleine Schatzkammer mit einer Fülle von praktischen Erfahrungen und Anwendungsideen dar: Eine Pflichtlektüre für alle ORa Orgon-Strahler-Benutzer.